VIE

DE

SAINTE ZITE

SERVANTE DE LUCQUES AU XIIIᵉ SIÈCLE

PAR

M. le Baron DE MONTREUIL

> Non multi potentes, non multi
> nobiles ; sed quæ stulta sunt mundi
> elegit Deus ut confundat sapientes,
> et infirma mundi elegit Deus ut
> confundat fortia.
> (S. Paul, I Corinth., I.)

TROISIÈME ÉDITION

BAR-LE-DUC

IMPRIMERIE DE L'ŒUVRE DE SAINT-PAUL

36, rue de la Banque, 36

—

1898

VIE

DE

SAINTE ZITE

VIE

DE

SAINTE ZITE

SERVANTE DE LUCQUES AU XIIIᵉ SIÈCLE

PAR

M. le Baron DE MONTREUIL

> Non multi potentes, non multi
> nobiles ; sed quæ stulta sunt mundi
> elegit Deus ut confundat sapientes,
> et infirma mundi elegit Deus ut
> confundat fortia.
>
> (S. Paul, I Corinth., I.)

TROISIÈME ÉDITION

BAR-LE-DUC

IMPRIMERIE DE L'ŒUVRE DE SAINT-PAUL

36, rue de la Banque, 36

1898

IMPRIMATUR

Virduni, die 18 Februarii 1898.

THOMAS, *vic. gen.*

INTRODUCTION

Lorsque j'écrivis l'histoire de sainte Zite, servante au treizième siècle, je me proposai deux choses : l'une, de rendre gloire à Dieu toujours admirable dans les saints ; l'autre, de provoquer chez les maîtres chrétiens un vif intérêt pour leurs domestiques, en même temps que je relevais les sentiments de ceux-ci par les belles leçons et les grands exemples de la vie d'une sainte qui fut servante.

Je disais dans l'introduction de la première édition de cette Vie : « Nous avons voulu incliner les puis-« sants vers les faibles, les riches vers les pauvres ; « et en leur montrant ce que la vertu dépose de « grandeur dans l'âme et d'élévation dans l'esprit des « personnes les plus obscures, nous avons tâché d'é-« veiller leurs sentiments fraternels en faveur des « classes souffrantes de la société.

« Nous avons voulu consoler les petits et les faibles « en leur montrant la source d'une grandeur qu'ils « ignorent dans les actes de la vie de l'humble ser-« vante Zite, dont la sainteté fait tout l'éclat ; nous « avons voulu enfin encourager le grand nombre de « nos frères voués plus particulièrement au travail « et à la douleur, en leur faisant voir que Dieu ne les « a point déshérités, et que leur condition, rude sur « la terre, est bonne entre toutes pour ceux chez les-« quels la foi nourrit d'immortelles espérances. »

Tel fut mon double but. La première édition de ce

livre ne l'atteignait qu'en partie, puisque l'espèce de luxe qui l'entourait et les considérations philosophiques renfermées dans l'introduction, où j'envisageais les rapports des maîtres et des serviteurs dans la société chrétienne, ne permettaient pas qu'elle arrivât à tous ceux auxquels l'ouvrage était destiné. Aujourd'hui donc je me propose d'accomplir ce qui manquait à l'œuvre. J'ai parlé aux maîtres, je vais m'adresser aux serviteurs : et le langage libre du chrétien ayant été si favorablement accueilli des premiers, j'espère arriver aux cœurs des seconds, tout en usant dans mes conseils de beaucoup de ménagements.

La condition de domestique est une belle et honorable fonction ; elle donne entrée à une multitude de devoirs, et quand certains hommes la ravalent presque jusqu'au niveau de l'ancien esclavage, c'est qu'ils ne se connaissent qu'en grandeurs humaines, et qu'ils ne comprennent pas les grandeurs morales que nous enseigne la foi. L'orgueil n'estime que le commandement, la foi glorifie l'obéissance. « Il est plus sûr d'obéir que de commander », telle est la maxime du chrétien. Celui qui commande est responsable envers Dieu et envers les hommes ; celui qui obéit, au contraire, agit avec pleine sécurité.

La condition de domestique exige une grande vertu ; car plus les devoirs sont nombreux, plus il est difficile de les bien remplir. Commander est dangereux ; mais c'est naturel et facile : obéir ne l'est pas ; et si les choses s'estiment par la difficulté qu'entraîne leur accomplissement, l'obéissance continuelle, pleine de docilité, d'empressement et de douceur, est l'acte d'une âme courageuse ; et quand j'aperçois l'obéissance, qui n'est ni la servilité ni la bassesse, accompagner une foule de services obscurs, réveillé par ma foi, je suis frappé de leur prix ; et je me

prends à estimer singulièrement le pauvre valet ou
l'humble fille qui fournissent une carrière si généreuse sous l'œil de Dieu et dans la simplicité de
leur cœur.

Je ne m'étonne plus alors qu'il y ait eu de si beaux
modèles parmi les domestiques : qu'ils aient eu des
martyrs dans les persécutions de l'Église comme
sainte Marie et sainte Blandine, comme les saints
Achillée et Nérée, ces pieux esclaves ; qu'ils aient
fourni des saintes pour nos autels, comme Rose de
Lima et comme celle dont nous donnons l'histoire ;
qu'ils aient mérité d'avoir un pape pour historien,
comme Louis Stéfanelli, dont le cardinal Cibo, son
maître, dit ces paroles mémorables : « Il faudrait
« descendre dans le cœur de Stéfanelli pour savoir
« jusqu'où le christianisme élève les personnes les
« plus communes. Je suis ravi, mais étrangement
« humilié, de voir qu'un jeune homme, qui n'est que
« mon domestique, est cependant mon maître dans
« la vie spirituelle et la pratique des conseils évangé-
« liques ; il parle de Dieu comme s'il était inspiré, il
« agit comme s'il avait la foi qui transporte les mon-
« tagnes. Je le *révère* au point que je l'aurais tiré
« depuis longtemps de la domesticité s'il avait voulu
« y consentir...... il est pour moi l'homme le plus ca-
« pable de m'encourager à la piété. »

Et, de nos jours, qui ne sait les nobles sacrifices
faits dans nos temps calamiteux par d'héroïques
serviteurs ? Que de maîtres furent sauvés de l'écha-
faud, cachés, soignés, nourris par ceux qui les avaient
servis dans l'opulence, et qui les servaient avec plus
de zèle encore aux jours du malheur ! Ces exemples
sont la consolation de notre âge ; ils prouvent que
les veines des pauvres sont encore riches d'un sang
généreux. Les journaux, les concours pour les prix

de vertu révèlent tous les jours de grandes lumières de charité cachées sous le boisseau, voilées d'une ombre favorable ; nous pourrions en citer beaucoup d'exemples. — Il est vrai de dire que la masse des serviteurs ne présente pas ce tableau de dévouement. Des plaintes générales s'élèvent contre eux ; l'expérience journalière les confirme. Une bonne servante, un bon serviteur est un trésor : cet adage en prouve la rareté. Mais si nous savons les turpitudes qui souillent la vie d'un grand nombre de domestiques, nous savons que beaucoup d'autres gémissent de la honte qui en rejaillit sur leur état : ceux-ci ont besoin qu'on les relève, qu'on les console. Les autres, s'ils ouvrent ce livre, en seront peut-être touchés ; s'ils le ferment avec dédain, c'est parce qu'ils préfèrent l'ignominie de la servitude humaine à la noblesse du service chrétien.

Consolez-vous donc, vous qui vivez chrétiennement dans la domesticité, par l'exemple des saints qui ont fourni cette même carrière. Si vous aidez vos frères plus favorisés que vous de la fortune, vous en êtes aidés à votre tour, et vous êtes les uns et les autres enfants de Dieu. C'est lui que vous servez véritablement au rang où il a voulu que vous vinssiez, afin que votre vie résignée, humble et soumise, y manifestât sa gloire. Dieu semble avoir pris à tâche de vous ouvrir la voie par laquelle il a fait marcher ceux qu'il aime le plus : obscurité, pauvreté, abnégation, rien n'y manque ! Vous vous plaignez, je le conçois ; vous êtes pauvres ; mais les saints ont toujours été pauvres ; soit parce qu'ils étaient dénués des biens de la fortune, soit par l'usage qu'ils en faisaient. Vous n'avez pas d'instruction : vous avez l'éducation chrétienne ; mais combien de gens instruits sur toute autre chose ne l'ont pas ! Vous savez que le mauvais usage de la richesse est maudit dans l'Evangile : « Malheur à vous qui avez votre satisfaction dans ce monde ! » Vous savez que la science enfle et la charité édifie ; vous n'avez ni les dangers de la richesse, ni l'orgueil de la science, ayez donc cette charité que la pauvreté ne peut vous enlever.

Vous êtes obéissants ; c'est ce que fut Jésus-Christ. « Il a été obéissant jusqu'à la mort. » Et vous, vous devez pratiquer l'obéissance malgré toutes les tendances contraires si naturelles au cœur de l'homme. Je vous l'ai dit, votre état vous appelle à être saints. — Ecoutez cependant : connaissez-vous beaucoup de situations où l'on n'obéisse pas soit à quelque homme en particulier, soit aux exigences mêmes de cette situation ? Ceux qui vous commandent ne sont-ils pas eux-mêmes assujettis ? Et si, par impossible, on vous proposait sérieusement de passer par leurs assujettissements en échange des vôtres, seriez-vous toujours tentés de les accepter ? Je n'en sais rien ; mais examinons. Voici un homme à qui les vingt-quatre premières années de sa vie ont donné l'éducation. Sacrifice de temps, sacrifice d'argent, rien ne fut omis pour le rendre apte à occuper un emploi. C'est un bureau qui l'enferme de neuf heures du matin à cinq heures du soir; c'est un cabinet dans lequel il passe des nuits entières à la pâle lueur d'une lampe pour étudier les intérêts de ses clients et les défendre ensuite devant les tribunaux. C'est un commerce où toutes les inquiétudes se donnent rendez-vous avec toutes les espérances, et d'où dépend entièrement l'avenir de la famille. — Le prêtre obéit, le soldat obéit. Vous connaissez les sacrifices du prêtre immolant à l'amour de ses frères les douceurs de la famille et les joies de la paternité; ceux du soldat répandant son sang sur le champ de bataille sur un signe de ses chefs, à la voix de sa patrie. Regardez partout : l'obéissance, le sacrifice, vous ne verrez que cela ; et le petit nombre d'hommes qu'une indépendance apparente, fruit d'un labeur antérieur ou paternel, semble relever de cette loi, voyez si l'éducation de la famille, l'administration de la fortune, la culture des sciences et les devoirs du citoyen n'absorbent pas chez eux l'indépendance que vous leur supposez, et ne les assujettissent pas, comme le reste des hommes, aux lois de sacrifice et d'obéissance qui régissent l'humanité tout entière.

Et même, sous certains points de vue, les classes dont vous enviez le sort ne sont pas toujours aussi heureuses que vous. La prévoyance est une vertu ; poussée trop loin c'est une misère ; c'est la misère des riches et de ceux qui, avec une éducation libérale, en viendraient à ne plus comprendre la nécessité où sont tous les hommes de gagner leur pain. La prévoyance est surtout une vertu chez les pauvres quand elle ne va pas jusqu'à la défiance envers la providence de Dieu. La prévoyance vous conduit à l'épargne, à la sagesse ; vous préparez par l'une votre avenir, et par l'autre l'estime dont il sera entouré. Mais le riche trop prévoyant est rongé d'inquiétudes et il insulte à la Providence ; de là l'épargne sordide, la débilité du cœur ! une fièvre d'ambition égoïste fatigue ses nuits sur cette couche que vous avez faite, loin, bien loin de celle où la fatigue d'une journée remplie permet que vos membres se rafraîchissent et reposent ! Avez-vous ces affaires nombreuses, ces clients à servir, ces intérêts à débattre, ces faillites à subir, ces rivaux à supplanter, cette réputation douteuse à sauver du naufrage ? La gelée a-t-elle fait couler vos vignes ; la grêle, désolé vos moissons ? Pauvres serviteurs, vous avez bien des misères ; mais ces inquiétudes absentes ne sont-elles pas les richesses du pauvre? et si vous ne comprenez pas cela parce que vous n'avez point passé par la fortune, comprenez au moins que cette dernière, si dangereuse pour le salut, est loin d'être, même au point de vue humain, un océan de félicités.

Vous n'êtes pas riches, et cependant vous êtes riches par comparaison à beaucoup d'autres qui vivent dans les inquiétudes de la famille ou dans les angoisses de l'isolement. Vous avez un gîte, le vêtement, la nourriture et la possibilité de l'épargne ; regardez autour de vous, et vous apercevrez des existences bien autrement tristes que les vôtres. Tout ce pauvre peuple du bon Dieu qui ne sait, à l'exemple du divin Maître, où reposer la tête, qui, dans un travail sans relâche, oublie tout sentiment de sociabilité et de famille ; que des appuis, des conseils, des affections ne soutiennent plus ! que l'égoïsme desséchant du siècle a dégradé en le rejetant loin de l'Eglise sa mère, plus bas, oserait-on le croire, qu'il n'était dans l'antiquité !

Soyez donc justes, et vous serez reconnaissants envers Dieu, et vous profiterez des avantages de votre position sans vous en dissimuler les difficultés. Suivez-moi maintenant dans un rapide aperçu de ce qu'étaient les classes pauvres, et particulièrement les serviteurs, avant Jésus-Christ, et de ce qu'ils sont de nos jours.

Vous l'avez appris depuis longtemps, l'homme dégradé par la chute fut condamné à manger son pain à la sueur de son front : la loi du travail est générale ; le péché a entraîné après lui la misère et la mort.

Mais cette loi du travail, rigoureuse pour tous, n'est pas uniforme dans son application ; le travail varie selon les forces du corps et les aptitudes de l'esprit. Tout le monde n'est pas propre à toute chose ; cela frappe au premier coup d'œil ; c'est une question de bon sens. Dans les premiers temps du monde, les fonctions de la société étaient fort simples parce que les besoins s'étaient peu multipliés ; chacun s'attachait alors aux fonctions pour lesquelles il se sentait plus d'attrait, plus de dispositions naturelles ; les uns se firent pasteurs, d'autres chasseurs, d'autres enfin laboureurs, artisans. Les affaires générales peu compliquées étaient du ressort des vieillards ; les anciens de chaque tribu étaient les dépositaires des coutumes, les oracles des traditions, les juges des différends. Le pouvoir social reposait en eux. Mais par la suite des temps la masse des faits traditionnels et des usages reçus s'augmenta : cela formait l'ensemble des lois et de la science des peuples ; alors naquirent les légistes et les savants ; puis les passions, s'allumant par un frottement plus continuel, exigèrent bientôt une force réprimante : des tribunaux, une police en surgirent ; la guerre était entrée dans les affaires humaines, et bientôt tout prit peu à peu cette forme et ce développement qui nous frappent aujourd'hui.

Les passions avaient altéré les mœurs, la force ne respectait plus la faiblesse. L'homme fort se révolta contre la loi du travail et courba son frère plus faible que lui sous l'esclavage. La plus grande portion du genre humain fut ployée sous le joug ; bref, il y eut l'homme libre et l'esclave ; car ce dernier n'était plus regardé comme un homme, mais moins que la bête de somme qu'il soignait.

Il est vrai que l'homme n'avait pas usé ainsi de son semblable avant d'avoir rejeté la loi de Dieu. Ces deux faits se suivent, et l'on peut dire que l'un fut la conséquence de l'autre. Dès que Dieu ne compta plus parmi les hommes, l'homme ne compta pas aux yeux de ses semblables quand il n'était ni riche ni puissant. Le genre humain formait pour ainsi dire deux races : c'était là où avait conduit l'oubli de Dieu.

On ne peut s'imaginer assez la dégradation morale qui naissait d'un tel ordre de choses. Les esclaves étaient un objet de spéculation et de mépris. Les femmes, vouées à toutes les infamies dans l'âge de la beauté et de la jeunesse, étaient attachées plus tard aux meules sous lesquelles on broyait le grain. Les esclaves ne connaissaient ni la sainteté du lien conjugal, ni les douceurs de l'amitié, ni les joies de la famille. On leur interdisait l'entrée des temples ; leur présence eût souillé les divinités impures auxquelles les citoyens seuls sacrifiaient ; parfois pourtant on immolait à ces divinités, ou plutôt au démon, de belles esclaves. On leur offrait un sacrifice de victimes humaines pour apaiser les dieux de la patrie ou pour satisfaire à quelque vœu. Les Spartiates se faisaient un jeu d'immoler des esclaves ; on les tuait en grand nombre quand ils menaçaient la sûreté de l'État en devenant trop nombreux. Jeunes, on les chargeait de coups et de travail ; vieux, on les jetait dans quelque île du Tibre, comme faisaient les Romains pour ne plus les nourrir ; ou, comme un certain personnage, nommé Pollion, on les jetait dans des viviers pour que leur chair engraissât le poisson. Ainsi les hommes, avant la venue de Notre-Seigneur Jésus-Christ, avaient perdu tout sentiment d'humanité, de dignité ; les quatre cinquièmes du genre humain étaient esclaves.

Il y a dix-huit cents ans que tout cela se passait dans le monde, sans contradiction de la part des philosophes et des sages d'alors ; quelques protestations isolées se perdaient dans le bruit des orgies et des gémissements. On s'élevait contre la dureté avec laquelle on traitait l'esclave sans s'attaquer néanmoins au principe de l'esclavage. Ce fut au milieu de ce monde, ivre d'orgueil, de luxe et de débauches, que la voix de Notre-Seigneur fit entendre ces mots : « Vous êtes tous frères ! »

Comprenez-vous l'étonnement du monde à une telle parole ? Quel bouleversement dans les idées ! quel germe de révolution dans les mœurs ! — Le monde dut toucher à l'heure d'une catastrophe épouvantable. Les quatre cinquièmes du genre humain sont esclaves, et l'on dit tout à coup, sans préparation aucune, à l'universalité des hommes : Vous êtes tous frères !

Certes c'eût été un moment terrible pour les oppresseurs ; mais la parole du Sauveur Jésus n'était pas une parole humaine ; elle apportait la bonne nouvelle de la paix ; elle était charité pour tous ; elle renfermait une législation d'amour ; elle n'appelait pas la vengeance.

« Quiconque voudra être le premier entre vous doit « être le serviteur de tous. Le Fils de l'Homme même « n'est pas venu pour être servi, mais pour servir. » Et voilà comment, en se faisant lui-même le serviteur du genre humain tout entier, le divin Sauveur montrait aux hommes que, si les rangs doivent être observés sous l'Evangile, le grand précepte de la charité est que les hommes, se tenant pour frères, s'aident et se servent avec amour.

Je n'ai pas besoin de vous raconter l'histoire de ce qui se passa depuis la promulgation de l'Evangile. Il rencontra bien des obstacles, il en rencontre tous les jours dans les passions des hommes. L'étonnement causé par ces mots : Vous êtes tous frères ! dure

encore parmi nous, les impies le repoussent. Ce mot
leur crée de trop grands devoirs à l'égard de leurs
inférieurs qu'ils accepteront peut-être *pour semblables*, mais qu'ils ne sauraient reconnaître *pour
frères !* Il faudrait en effet que l'impie crût en Dieu
son père pour qu'il reconnût dans tous les hommes
des frères, enfants de Dieu ! S'il n'y croit pas, comment veut-on qu'il accepte la fraternité du pauvre,
de l'ignorant, de l'opprimé, du valet auquel son
commandement sert de loi ? Il faudrait qu'il eût foi
dans la parole de Jésus-Christ pour reconnaître là
des frères ; mais le chrétien, uni à l'Église, sait que
l'épouse du Christ est la mère de tous les hommes et
le refuge des malheureux ; il vit avec eux par sa foi,
par ses espérances, par la prière, par les sacrements,
par la charité ; ces biens leur sont communs. Le
déshérité des richesses et des joies du monde est à
ses yeux l'aîné, le favorisé entre les cohéritiers du
Christ... et quand il lui offre quelque portion des
biens de l'intelligence et de la fortune qu'il reçut, il
lui demande en retour le tribut de ses prières puissantes auprès de Dieu, prière que le pauvre n'élève
jamais en vain pour le riche ; que le serviteur ne
forme jamais pour son maître sans que celui-ci n'en
recueille une couronne de célestes bénédictions.

Une pauvre servante de Lyon, pieuse chrétienne,
servait dans une famille fort recommandable à tous
égards, mais chez laquelle les principes religieux
n'avaient pas une grande autorité : les femmes rem-
plissaient leurs devoirs ; le maître de la maison, tout
entier à son commerce, vivait en dehors de la foi.
C'était le sujet des gémissements de la sainte fille :
mille fois elle avait parlé à Dieu de ce maître si bon
pour elle, mais si éloigné de lui. La maladie, l'arra-
chant aux affaires, le cloua, à quelque temps de là,

sur un lit de douleur. Les fatigues, suite de pré-
occupations continuelles et d'un travail forcé, que
sais-je ? peut-être d'autres excès avaient miné son
tempérament ; l'homme était là en proie aux angoisses du mal et aux inquiétudes les plus vives pour sa
maison de commerce à laquelle sa présence manquait.
La maladie dégénéra bientôt : la poitrine s'entreprit
et un cancer intérieur répandit autour de lui une
odeur telle, qu'après peu de jours d'une inutile résistance, ses amis et sa propre famille ne purent
l'approcher que par intervalles et en prenant contre
l'infection croissante des précautions extraordinaires.
Seule la pauvre servante ne bougeait pas ; tout entière à son devoir, elle allait, venait, disposait tout
selon les prescriptions des médecins avec une activité
et à la fois un calme qui frappaient d'admiration les
parents et les rares visiteurs du malade. Elle n'avait
que deux pensées : soigner son maître, sauver son
maître ! Les semaines s'écoulaient sans qu'elle fût ni
moins vigilante ni moins dévouée. Les gardes se
refusaient à cette glorieuse tâche, elle seule ne se
plaignait pas : son maître admirait ce beau zèle ; il
s'étonnait de la voir toujours empressée, souriante
au milieu de tant de fatigues ; mais il ne s'étonnait
pas moins de la voir employer à prier Dieu le temps
que son service n'absorbait pas. « Marie, lui disait-
il, je n'ai pas besoin de vous en ce moment, ne priez
pas si longuement, reposez-vous ! — Je me repose,
Monsieur, répondait la sainte fille ; soyez bien calme,
je me repose » ; et elle priait avec une nouvelle ferveur
pour la conversion de celui qui ne se préoccupait
encore que de la terre, quand la mort allait bientôt
l'en arracher. « Marie, je me sens mal, lui dit-il une
fois, je n'ai peut-être que peu de jours à vivre ; tout
le monde redoute mon approche, toi seule tu es restée

près de moi: parle, mon enfant, que puis-je te donner pour te récompenser ? — Ah ! Monsieur, répond la bonne fille, tombant à genoux baignée de larmes, Dieu ne vous le dit-il pas ? » Le moribond se soulève demi: « Je commence à comprendre, reprit-il ; allez, Marie, amenez-moi un prêtre, votre récompense est dans le ciel ! »

Si les serviteurs savaient la dignité de leurs fonctions, la beauté de leurs devoirs quand ils vivent chrétiennement, qu'ils seraient fiers ! Ne leur confions-nous pas les premières années de nos enfants ? ne veillent-ils pas sur les jours sacrés des vieillards ? Qui garde les premiers ? de pauvres filles simples, ingénues, dont les soins, dont les exemples, dont les leçons ont la plus haute influence sur le reste de nos jours. Que l'on aime à voir ces bonnes attentives aux moindres besoins des petits enfants ; combien leurs délicates précautions sont touchantes ! elles suppléent les mères. — Pauvres filles, avant l'âge de l'expérience vous avez de bien beaux devoirs. Que de tendresse, que de mesure, que de vigilance, que de patience dans vos rapports avec ces frêles créatures confiées à vos soins ! Que de retenue dans votre conduite, que de pureté dans vos mœurs ! Vous entendrez parler sainte Zite à cet égard ; vous la verrez dans vos belles et touchantes fonctions. Vous saurez d'elle tous les ménagements dont vous devez user envers l'enfance ; combien une action imprudente, combien une parole légère peuvent ternir l'éclat de cette pureté qui divinise l'enfant. Vous ne le savez pas assez ; mais vous pouvez être ou nos corruptrices ou nos secondes mères ; et votre foi doit vous éveiller sur la terrible responsabilité de votre situation près de nous ! — Et puis, quand vos soins ont été bons, quand votre dévouement a été complet envers l'enfant que vous avez élevé, n'aurez-vous pas votre récompense dans son attachement profond ? Notre bonne se retrouve entre tous les souvenirs de la vie ; elle est dans la mémoire du cœur avec le tableau des fraîches années qui ont fui loin de nous.

Et ceux qui servent des vieillards, que de confiance on place dans leur vertu ! La vieillesse n'est souvent qu'une seconde enfance, mais enfance rude, chagrine, dépouillée de ces charmes *qui couvrent les défauts* de l'enfant. La vieillesse supporte beaucoup d'infirmités ! il est difficile qu'elle conserve la fraîcheur d'esprit et l'aménité des mœurs sous le double poids des années et des souffrances. — Il est sans doute de ces rares vieillards chez lesquels le cœur n'a rien perdu de la chaleur de ses généreuses années ; qui dans la majesté de leurs cheveux blancs descendent la vie pleins d'une sérénité qui ressemble au soir d'un beau jour. Ceux-là, et qui n'en connaît plusieurs ! rendent faciles les soins que leur prodiguent avec *une tendresse inexprimable* tous ceux qui les entourent. Mais qu'il est beau le serviteur attentif auprès du vieillard, le bon domestique, la femme *dévouée, sur lesquels la famille se repose ! Combien* sa vie est méritoire ! que ses soins par leur assiduité et leur douceur ont de valeur à tous les yeux ! Quel mépris au contraire n'atteindra pas cette mégère acariâtre, ce valet grossier qui abusent de leur empire insolent sur de vieux maîtres, et qui dictent leur volonté là où ils doivent obéir ! — Ces gens-là ne sont pas chrétiens, sans doute ; mais parmi les serviteurs qui vivent chrétiennement, que d'abus en ce genre ! que de reproches mérités ! N'alliez donc pas la vertu chrétienne avec la suffisance de conduite des domestiques qui n'ont ni foi ni loi ; qui n'ont pour règle de conscience que leurs intérêts ; qui non seulement corrompent l'enfance et la jeunesse, mais qui tuent ce qui reste de l'homme dans le vieillard pour le réduire à n'être plus que le jouet de leurs caprices, l'instrument de leur fortune, et à devenir peut-être la victime de leur cupidité.

D'autres positions ne sont pas moins importantes que celles-là. Le domestique au service d'un jeune homme, la femme de chambre d'une jeune maîtresse peuvent beaucoup par leur conduite chrétienne sur l'avenir de ceux auxquels ils sont attachés. Une servante modeste dans sa tenue, irréprochable dans ses mœurs, inspire l'estime : l'on ne voudrait pas devant elle faire une action dont on aurait à rougir. Il en sera de même du maître qui possédera un digne serviteur. Les bons domestiques sont donc non seulement d'une grande importance pour les services qu'ils rendent, mais par les exemples qu'ils donnent; aussi méritent-ils et considération et confiance. Témoins de toutes les actions de leurs maîtres, confidents obligés des affaires d'une famille au milieu de laquelle ils vivent, qu'ils comprennent donc ce beau côté de leur rôle et qu'ils ne s'occupent pas seulement de ce qu'il y a de pénible dans leur état : la discrétion leur est commandée en toute chose ; n'est-ce pas encore là une de ces rares vertus prisées de tous ?

Mais je m'arrête, il est temps d'achever. Le bonheur intérieur, la paix de la maison dépend beaucoup de la conduite des serviteurs ; leurs soins sont mêlés à tout dans la vie. Malheur donc aux maîtres qui négligeraient de leur enseigner leurs devoirs, de leur rendre par la bienveillance le prix de leur attachement ! mais malheur aussi à ces derniers si, ne se soumettant pas de bon cœur à leur position en vue de Dieu, ils oublient ce précepte de saint Paul : « Serviteurs, obéissez à vos maîtres selon la chair

« avec crainte et avec respect, dans la simplicité de
« votre cœur, comme à Jésus-Christ même ; servez-
« les avec affection comme servant le Seigneur et
« non pas les hommes ! »

Car les maîtres doivent savoir aussi ce que leur dit
ce grand Apôtre :

« Vous, maîtres, témoignez de même l'affection à
« vos serviteurs, ne les traitant point avec rudesse et
« avec menaces, sachant que vous avez les uns et les
« autres un Maître commun dans le ciel qui n'a point
« d'égard à la condition des personnes. »

Et maintenant, serviteurs chrétiens, pour lesquels
j'écris avec effusion de cœur, vous me parlerez peut-
être des grandes difficultés de votre état, de la dureté
du service, de l'oubli mutuel des devoirs qui lient
également le maître et le serviteur, et vous me direz :
Nous sommes les faibles, et vous ne vous adressez
qu'à nous. — Ceci vous est destiné, j'ai parlé précédemment à vos maîtres. Je leur ai dit ce qu'une foi
commune, ce qu'une situation sociale semblable
m'autorisait peut-être à leur dire ; et j'ai fait valoir
près d'eux vos droits comme chrétiens, vos mérites
comme serviteurs. Ce sont des conseils et des consolations que je vous apporte ici : c'est surtout un
grand exemple. La vie de sainte Zite vous parlera
plus éloquemment que moi. — Dieu veuille, agissant à
la fois par ceux qui sont forts et par ceux qui sont
faibles, raviver chez les hommes les sentiments
fraternels, afin que tous glorifient comme un seul
Celui dont l'amour doit vivre en tous !

VIE

DE

SAINTE ZITE

CHAPITRE PREMIER

Naissance de sainte Zite, et quels furent ses parents.

L'an du Seigneur mil deux cent dix-huit, sous le pontificat d'Honorius III, Frédéric II étant roi des Romains, et Robert évêque de Lucques, dans une petite chaumière du mont Sagrati, distante de huit milles de cette cité, naquit la Sainte dont nous nous proposons d'écrire l'histoire. Près de là s'élevait et s'élève encore aujourd'hui l'église de la Piève, dédiée à saint Jean-Baptiste : elle domine la montagne. Cette église est de construction lombarde, comme la plupart des édifices religieux de cette contrée ; son campanile crénelé réveille, ainsi que les débris des forts que l'on voit sur ces pics agrestes, le souvenir des temps désastreux où la maison de la prière se changeait souvent en un lieu de refuge pour les

malheureux habitants. — Et quand, au treizième
siècle, les partis groupés sous mille chefs parcouraient ces montagnes, il arriva plus d'une
fois sans doute que la jeune Zite fut mise sous
la garde de ce sanctuaire ; la prière qui partait
alors de son âme prédestinée obtenait peut-être
le retour du calme et de la félicité dont jouirent
plus tard ses concitoyens. A partir de cette
église, le chemin est uni, et l'on côtoie, au
milieu de champs et de vignes disposés en
gradins, une pente moins rapide qui monte au
nord ; puis, après cinq ou six cents pas, on
trouve la chapelle dédiée à sainte Zite, et les
quelques maisons de Bozzanello du mont Sagrati.
Un petit champ formant l'arc entoure la chapelle.
Au midi le terrain tombe à pic, et un magnifique
horizon frappe les regards. Les cimes boisées du
mont Catino, du Marendolé, du Lupélia, enca-
drent le tableau, tandis qu'une multitude de
collines, doucement ondulées, s'étendent jusqu'aux rives du lac Bientina, dont les eaux
transparentes scintillent au milieu des vapeurs
à l'extrémité de l'horizon.

Ce petit champ, et une chaumière dont les
pierres furent employées par la piété des habitants à la construction de la chapelle, étaient la
meilleure portion du patrimoine de Jean Lombard et de Bonissima, pauvres mais heureux
parents de notre Sainte. Là coulaient leurs jours

dans la crainte du Seigneur et dans l'observation de sa loi. Bonissima avait un frère, nommé Gratien, qui vécut ermite sur le mont Lupélia, et dont la mémoire est en vénération dans la contrée. Elle avait aussi une fille, sœur aînée de Zite ; elle s'appelait Marguerite, et mourut religieuse dans un monastère de l'ordre de Cîteaux. S'ils ne furent pas déclarés saints, dit un vieil auteur, tous ceux qui connurent la piété de leurs mœurs ne les considérèrent pas moins comme tels.

Les premières années de Zite se passèrent au milieu de ces pieux modèles ; elle aidait sa mère dans les soins du ménage, au travail des champs : ce qu'elle faisait avec une bonne volonté et une ardeur remarquables pour son âge. Son cœur était naturellement porté vers le bien ; et quand elle priait avec ses parents, chaque jour, avant et après le travail, ils admiraient la ferveur de leur jeune enfant, et son attrait pour la prière. On voyait déjà que Dieu disposait son âme aux grâces qu'il voulait y répandre par la suite, et l'on ne s'étonnera pas si avec ces deux paroles : « Ceci plaît à Dieu, ceci lui déplaît », Bonissima dirigeait toutes les actions de sa fille : elle n'avait besoin que de connaître la volonté du Seigneur. On ne sait rien de très précis sur les détails de son enfance : née de parents pauvres et obscurs, notre Sainte n'eut que les anges du ciel pour témoins des vertus de ses premières années. Comme une fleur solitaire, elle se développa sous l'ombre et la chaleur que Dieu lui mesurait, et si plus tard Dieu la fit briller aux yeux des hommes par cette charité infinie qui vit encore dans leur mémoire, on peut croire qu'il voulut se réserver pour lui seul la fraîcheur de ses premiers parfums. Quoi qu'il en soit, on devine, dès les premiers mots des vieux auteurs, qu'elle éprouvait dès lors un ardent amour pour les pauvres : ils attribuent à ce sentiment, qu'elle ne pouvait satisfaire à cause des faibles ressources de sa famille, et à une inspiration particulière, le désir qu'elle eut, dès l'âge de douze ans, d'aller à Lucques et de s'y placer. Dieu lui inspira sans doute ce dessein pour faire éclater la pureté angélique, la charité et les lumières divines dont il se plut à l'orner au milieu des habitudes grossières et des mœurs dépravées de ce temps.

Le treizième siècle est le siècle des saints : François, le fils du marchand d'Assise ; Dominique de Gusman, l'hidalgo espagnol ; Elisabeth de Hongrie ; sainte Claire ; Thomas d'Aquin, l'Ange de l'Ecole ; saint Bonaventure, et Louis neuvième, le roi chrétien, brillent dans cette pléiade céleste, où l'étoile de Lucques, sainte Zite, prend place au nom des faibles et des petits ; et lorsque sur le fond obscur d'une époque pleine de haines politiques et religieuses, où chaque ville, chaque bourgade, chaque famille est pour ainsi dire un champ clos que souillent tous les crimes publics et privés, on voit se détacher ces figures calmes, transparentes ou majestueuses, on comprend que si, d'un côté, la mesure des crimes est comble et appelle la vengeance divine, de l'autre, une prière ardente monte vers Dieu et retient son bras dans le ciel.

CHAPITRE II

Sainte Zite quitte la maison paternelle et entre au service d'un habitant de Lucques. — Ses vertus.

Zite avait douze ans, nous l'avons dit, quand son père, vaincu par ses instances, la conduisit à Lucques, un petit panier de fruits au bras [1]. C'était l'usage, encore suivi de nos jours, qu'une villageoise (contadina) ne vînt pas visiter quelqu'un de la ville sans apporter des fruits ou des fleurs. Jean la présenta au signor Paganodi Fatinelli, qui la reçut au nombre de ses servantes. La

---

[1] Zite est représentée ainsi, un panier de fruits au bras, dans un des très anciens tableaux que l'on voit dans sa chapelle à Saint-Frédian ; il provient de la famille Fatinelli.

famille des Fatinelli tenait déjà un rang éminent
dans la république, elle avait fourni de savants
jurisconsultes et d'habiles magistrats ; mais celui
qui accueillait la jeune Zite, occupé à augmenter
l'importance de sa maison, était loin de penser
alors que son plus grand éclat lui viendrait de
l'humble fille qui était sous ses yeux. Et cependant les annales d'une ville de l'Italie ne l'eussent
pas fait briller autant que la mémoire de cette
pauvre villageoise, descendue de sa montagne
pour se sanctifier dans une condition obscure,
devenir la patronne de ses maîtres, de sa patrie,
et dans le ciel une protectrice de plus pour tous
les chrétiens. Son père, la voyant agréée, lui fit
mille exhortations touchantes, lui rappela les
leçons et les exemples de sa mère, puis il quitta
son enfant que Dieu seul devait garder désormais
au milieu d'un grand nombre de dangers.

Cette séparation causa une vive douleur à Zite.
Malgré sa volonté ferme et sa grande confiance
dans le secours d'en haut, elle eut beaucoup à
souffrir de sa nouvelle position. Son existence
était si différente de celle qu'elle quittait ! Un
service régulier, des soins intérieurs remplaçaient
les habitudes libres de son enfance et les travaux
ordinaires des champs. Le ciel, les arbres, les
fleurs, ces mille épanouissements de la nature
qui dilatent si doucement l'âme et l'élèvent vers
Dieu, et surtout des parents tendres et pieux,

tout cela manquait à notre pauvre servante : entourée de visages inconnus, de camarades plus ou moins bienveillants, parmi des devoirs nouveaux pour elle, étrangère à ce mouvement, à ce va-et-vient des villes, froissée par l'indifférence de tous, Zite dut souvent reporter ses regards vers les jours de son enfance où tant de tendresse et de bonheur l'entourait ! Mais Dieu avait ses desseins sur elle, et il ne permit pas en vain qu'elle passât par ces diverses épreuves : il la formait ainsi au contraire à cette prudence de conduite et à ces solides vertus qui font d'elle l'exemple de toutes les femmes de sa condition. Deux grands secours lui restaient : la prière et le travail. La demeure de Fatinelli n'était pas éloignée de l'église de Saint-Frédian [1], vieille

---

[1] Saint Frédian, évêque de Lucques, mort le 13 mars 588. Sa fête se célèbre le 18 novembre, jour de la translation de ses reliques.

L'église de Saint-Frédian, église romane dans le principe et du même style que celles du temps de Théodose, de Valentinien, d'Honorius et de Théodoric, fut, dans l'origine, dédiée à saint Vincent par le saint Évêque ; aussi demeura-t-elle longtemps sous le vocable de saint Vincent et saint Frédian. Reconstruite sous Cunibert, roi des Lombards, par Faulone, son intendant, elle est comprise dans l'enceinte de la ville au treizième siècle. L'entrée principale est changée dans ce même temps.

La magnifique mosaïque du portail représente Jésus-Christ entre deux anges au-dessus des apôtres.

L'Eglise est antérieure à Charlemagne, et fut consacrée par Eugène III.

basilique aux formes sévères, où le génie lombard, sur des colonnes sveltes et antiques, posa des voûtes hardies et des masses prodigieuses qui semblent jeunes encore malgré les siècles amoncelés sur leur front. Là est le corps du saint évêque de Lucques. Zite venait chaque matin entendre la messe sur son tombeau ; elle offrait à Dieu l'hommage d'un cœur pur ; mais elle était de si grand matin à l'église qu'aucun de ses devoirs domestiques n'en souffrait. Elle demandait au contraire la bonne volonté et le courage pour les bien remplir ; elle se pénétrait des obligations particulières à une servante chrétienne ; elle puisait dans les exemples de Jésus-Christ cette égalité d'humeur, cette douceur patiente, ce support des défauts et des imperfections d'autrui dont la vie terrestre du Fils de Marie offre un si admirable modèle ; et quand par fragilité elle tombait dans quelque faute, son âme ne retrouvait de calme et de bonheur qu'après l'avoir déplorée au pied des autels et s'être réconciliée par la pénitence. Que l'on ne s'étonne donc pas si une telle conduite lui fit obtenir bientôt des grâces nombreuses. L'accomplissement parfait des devoirs est une source de mérite pour tous les hommes ; mais plus les devoirs sont obscurs, plus ils attirent les regards de Dieu. Zite avait aussi continuellement devant les yeux la pensée de Notre-Dame quand elle vivait dans la maison de Nazareth ; elle lui demandait d'obtenir pour elle les vertus qui l'avaient rendue si précieuse devant le Seigneur : son humilité, son détachement, sa pureté ; elle s'efforçait d'imiter la vigilance calme que la très sainte Vierge apportait dans les occupations de son ménage, qui ne lui faisaient jamais perdre la vue de Dieu ; et comme Marie fut soumise à saint Joseph, Zite s'efforça de plaire et d'être soumise non seulement à ses maîtres, mais aux moindres serviteurs de la maison, parce qu'elle voyait toujours le maître suprême dans ceux auxquels elle se soumettait.

Notre jeune servante élevait donc son âme vers Dieu avant le lever du soleil ; elle pouvait dire comme le Psalmiste : « Mon oraison devance l'aube du jour, vous me ferez sentir votre miséricorde dès l'aurore ! » Et le Seigneur, qui est fidèle dans ses promesses, lui prouvait la vérité de ce que l'Esprit-Saint marque au livre des Proverbes : « Je répondrai à celui qui m'invoquera dès le matin. » C'était en effet à cette heure favorable que Zite offrait à Dieu toutes les occupations de sa journée, dont elle faisait autant de moyens de sanctification.

Elle s'examinait en s'humiliant à la vue de sa misère, tremblait au souvenir de ses chutes, en prévoyant les circonstances nouvelles où elle serait exposée à offenser Dieu. Elle craignait tout de sa faiblesse, mais ne se décourageait pas, sachant que si l'homme ne peut rien par lui-même, il peut tout en Celui qui le fortifie. Ce sentiment a toujours fait la force des saints; il soutenait notre pieuse servante : elle prenait donc de généreuses résolutions, combattant avec énergie les mauvais penchants, particulièrement la colère, la sensualité et la paresse.

Elle fuyait les occasions périlleuses; et par cette attention et ces précautions vigilantes elle dominait peu à peu sa nature devenue souple sous sa volonté forte, et arrivait par degrés à ce haut point de perfection qui la rendit aimable à la terre et chère aux yeux du Seigneur.

Zite se mortifiait pour mieux se vaincre; elle pensait alors aux douleurs de Jésus-Christ dans le jardin des Oliviers et sur le Calvaire; cette pensée lui rendait douces les mortifications qu'elle s'infligeait. Elle portait le même vêtement de simple toile l'été comme l'hiver, marchait pieds nus, quittait son lit pour coucher sur la terre ou sur une planche, et retranchait tout superflu de ses repas; ce qui répugnait aux autres lui semblait toujours assez bon. Elle faisait de fréquents jeûnes pour distribuer aux pauvres la nourriture qu'on lui donnait; car la prière et l'aumône étaient la double passion de son cœur. Par cette vie mortifiée elle brisait sa chair, domptait ses penchants, son caractère. Elle savait que le royaume des cieux souffre violence ; aussi réglait-elle toutes ses paroles, toutes ses actions sur la loi divine, et ne connaissait-elle aucun sacrifice impossible quand il s'agissait de plaire au Seigneur. Zite, sévère pour elle seule, était pleine de douceur envers les autres ; et l'un de ses biographes rapporte, grand et naïf éloge, qu'elle passa quarante-huit années de bons services, SANS QUERELLE, dans la famille de Fatinelli.

Le travail lui devint si cher qu'elle ne restait jamais un instant inoccupée, elle savait que l'oisiveté conduit au mal : l'heure du repos c'est l'heure du démon. Une fille laborieuse évite la plupart des dangers de la vie, dangers si nombreux surtout au milieu des gens désœuvrés d'une grande maison : Zite, dont la piété était solide, le savait bien ; elle avait coutume de dire, quand elle fut plus avancée en âge, qu'une dévotion paresseuse et qui ne mène pas à l'accomplissement de ses devoirs est une fausse dévotion. Il faut aimer ses fatigues ! heureux ceux dont la vie est tracée de telle sorte que dans chacune de leurs actions ils font la volonté de Dieu ! Ces maximes annoncent la beauté de l'âme de notre Sainte ; l'amour des devoirs est une émanation de l'amour divin. La pieuse Zite en fut embrasée dès sa première enfance, et nous ne pouvons douter que son zèle à remplir les offices de sa condition en vue de Dieu ne lui ait mérité de conserver le sentiment de sa divine présence. Le travail cessait d'être une peine pour elle ; il devenait cette prière continuelle que que nous devons offrir en expiation de nos fautes et en union des souffrances de Jésus-Christ.

Les auteurs qui nous transmirent sa vie parlent du zèle avec lequel Zite aidait ses compagnes dans leurs soins domestiques ; elle ne croyait pas sa besogne faite tant qu'il y avait un service à rendre ou quelque chose d'utile à faire dans la maison, mais se délassait d'un travail par un autre travail. Les mêmes auteurs ajoutent qu'elle priait sans cesse ; c'est que la sainte servante, par son intention continuellement tournée vers Dieu, transformait chacune de ses occupations en d'ineffables prières. — Les âmes pieuses ont des secrets merveilleux à cet égard : on les voit parler, agir comme les autres ; leur vie est semblable à la nôtre par tout ce qui en paraît au dehors ; mais sous une apparence vulgaire elles cachent au dedans d'elles le don de Dieu. C'est lui qui les embrase, qui les éclaire, qui les guide vers le but éternel à travers les accidents de chaque jour. Ainsi les saints, vivant de la volonté de Dieu, surnaturalisent toutes leurs actions, et leur véritable grandeur est dans leur vie journalière. Zite, fervente dans ses devoirs, morte à tous les mauvais penchants, à tous les désirs terrestres, douce, compatissante, soumise, humble, mortifiée dès sa jeunesse, nous révèle Dieu admirable dans ses saints, d'une façon aussi manifeste qu'au temps où, gratifiée du don des miracles, nous la verrons multiplier les grains, dominer les éléments, courir sur l'aile des anges vers les pèlerinages sacrés où l'entraîne son amour.

CHAPITRE III

Portrait de sainte Zite. — Sa grande patience. Ses épreuves.

Les anciens biographes de notre Sainte nous font un aimable portrait de sa jeunesse : ils disent que ses manières étaient suaves, que son regard était plein d'une modestie angélique ; une sainte pudeur régnait dans sa personne et ajoutait à sa beauté naturelle : ses vêtements étaient simples et fermés ; ses gestes, ses actions, ses paroles, tout annonçait les sentiments humbles de son cœur. Elle agissait posément, et sa voix d'une singulière douceur n'avait jamais de ces éclats bruyants qui naissent de la légèreté de l'esprit ; sa gaîté modeste était le reflet du contentement et de la paix de son âme ; son maintien était grave, sa seule présence inspirait quelque chose qui tenait à la fois de la confiance et du respect. Zite évitait, on le conçoit, les compagnies, les conversations oiseuses, les jeux folâtres ; elle savait combien on y est exposé à offenser Dieu, à blesser la charité, et à compromettre la paix et l'innocence de son cœur. Mais sa conduite ne fut pas du goût de ses compagnes : elles s'efforcèrent d'abord de l'entraîner dans leurs habitudes légères ; furieuses de ne pouvoir y réussir, elles inventèrent mille choses contre Zite, traitant sa tenue sérieuse et sa piété de bizarrerie et de mensonge. On l'accusait de vouloir gagner la faveur de ses maîtres par l'apparence hypocrite d'une vie renfermée dans la crainte de Dieu et dans l'amour de ses devoirs. Les sarcasmes, les railleries, les injures ne furent point épargnés à la jeune servante ; ses paroles furent odieusement traduites, ses actions présentées sous un faux jour. On ne voulait croire ni à sa vertu, ni à son zèle, ni même à sa patience ; et tandis qu'elle ne proférait pas une seule plainte, des rapports envenimés gagnant l'oreille des maîtres, Zite fut bientôt en butte à la haine de toute la maison.

Cette haine la poursuivait chaque jour ; elle était exposée à chaque instant aux soupçons, au mépris, au blâme. Zite, humble et soumise, traversait ce fleuve d'amertume sans cesser d'être

douce à l'égard de ceux qui l'accablaient et qui
ne pouvaient comprendre la source et les mérites
de son calme inaltérable. Ils ne savaient pas la
puissance de celui qu'elle invoquait et qui la
soutenait. Jésus-Christ montant au Calvaire fut
aidé par le Cyrénéen, quand il succombait sous
sa croix ; Zite aussi était sous une croix pesante ;
mais le Sauveur ne dédaignait pas de s'y placer
et d'en alléger le poids. Ainsi nous expliquons-
nous sa victoire au milieu de l'abandon complet
où elle vécut si longtemps : victoire bien faite
pour nous consoler et nous instruire. Sommes-
nous malheureux, éprouvés dans cette vie,
essayons à mettre Dieu de moitié dans nos
douleurs ; jetons de côté les récriminations, les
plaintes, les murmures ; puisons notre force dans
la résignation et dans la prière. Zite nous en
donne l'exemple ; son âme, au lieu de nourrir
l'aigreur ou la haine, demandait à Dieu d'adoucir
l'humeur de ses compagnes, de ses maîtres, et
de la détacher elle-même de ce qu'il y a de doux
sur la terre, afin qu'elle ne conservât de goût que
pour celui qui est l'éternelle douceur.

Nous avons recueilli quelques-unes des paroles
que la Sainte opposait aux réprimandes et aux
injures dont on l'accablait : elles prouvent que
l'amour de Dieu était l'unique préoccupation de
son cœur. « Pardonnez-moi cette faute afin que
le Seigneur vous pardonne ; mais ne vous fâchez

pas ainsi, car vous pourriez l'offenser ! » Elle redoublait ensuite de zèle et d'efforts pour obtenir l'affection de ceux qui ne comprenaient pas l'héroïsme de sa vertu. Dieu, par cette épreuve, épurait davantage de jour en jour l'âme de la pieuse fille ; il lui faisait sentir combien les amitiés de la terre sont fragiles et qu'il n'y a d'appui solide qu'en lui seul. Invention admirable de la grâce ! voici que l'humilité d'une pauvre servante lui méritera de monter à un degré de perfection presque idéal. Zite est détachée au point d'être saisie de reconnaissance pour ceux qui l'accablent à chaque instant de sarcasmes et de reproches injustes. Elle en vient à juger, dans la simplicité de son cœur, qu'ils n'agissent ainsi que pour la corriger de ses défauts et par tendresse pour elle. On ne la blâmait, on ne la réprimandait, pensait-elle, qu'afin de la mieux ramener au devoir ; elle en remerciait Dieu avec effusion chaque jour, et ne savait comment reconnaître l'excès de charité qui portait chacun à la faire mourir à elle-même.

Nous n'avons pas pu découvrir, dans les documents qui concernent sa vie, quand et à quelle occasion cessèrent les persécutions dont elle était l'objet. Fut-ce à cause de quelque manifestation éclatante que Dieu fit en faveur de la jeune Sainte ; fut-ce le triomphe naturel de sa douceur ? on l'ignore. Ce que l'on sait, c'est que maîtres et serviteurs comprirent enfin leur injustice et changèrent complètement à son égard ; l'estime, la confiance renaquirent pour elle. L'humble fille fut extrêmement surprise de ce changement : elle crut qu'on ne prenait plus d'intérêt à elle ou qu'on désespérait de son amélioration. Ce fut l'heure d'une véritable épreuve : elle demanda alors à Dieu de la corriger, de la châtier lui-même, de détruire ses imperfections, de punir ses fautes, puisqu'on l'abandonnait. Zite, plus fervente, plus austère que jamais, éprouvait une vive joie les jours où ses maîtres usaient de rigueur envers elle ; ils s'en aperçurent, et sa maîtresse feignit souvent de la rudoyer pour la rendre heureuse par cette mortification.

CHAPITRE IV

Sainte Zite ne veut pas avoir d'autre époux que Jésus-Christ. — Danger auquel elle échappe avec le secours de Dieu.

Dès son âge tendre, rapporte la chronique que nous citons, la jeune Zite avait résolu de rester vierge. Elle avait compris par inspiration les paroles de saint Jean, quand l'apôtre qui reposa sur la poitrine du Sauveur parle des privilèges

augustes de la virginité : privilèges mystérieux
de ces heureuses créatures qui accompagnent
sans cesse l'Agneau, et sont resplendissantes de
blancheur pendant l'étendue de l'éternité. —
L'âme de notre Sainte s'enflammait à la pensée
de leur bonheur ; et comme les rayons du soleil
absorbent toute autre lumière, ainsi l'amour de
Dieu consumait en elle tous les sentiments de la
terre, et son cœur, nourri d'affections divines,
repoussait invinciblement ce qui n'était qu'aliment humain. — Elle avait son partage : Dieu
et les pauvres, c'est-à-dire Jésus dans la gloire
du ciel et Jésus dans les infirmités d'ici-bas.
Double vision des âmes prédestinées ! de ces
fiancées de l'Agneau dont les noces éternelles
commencent dès ce monde, et qui passent leur
vie avec les pauvres, avec les affligés, au pied
des lits de douleurs, visitant Jésus-Christ, con-
solant Jésus-Christ, et ne connaissant que Jésus-
Christ. Telle était Zite, jeune, et si fervente ! Les
devoirs de son état s'opposaient-ils en partie à la
dilatation de la charité qui l'embrasait, rien ne
s'opposait du moins à ce qu'elle conservât intacte
la vertu qui avait rendu Marie glorieuse entre
toutes les créatures. Aussi veillait-elle attentive-
ment sur son cœur. — Comme le saint homme
Job, elle avait fait un pacte avec ses yeux, ne les
fixant sur rien de ce qui pouvait donner l'éveil
aux sens. Nous avons vu quelle était la gravité

de sa tenue et la simplicité extrême de ses vêtements. Elle évitait les paroles inutiles, fuyait
avec soin les relations équivoques : joignant au
travail le jeûne et la prière selon le précepte de
la Vérité même. Aussi passait-elle, sinon sans
péril, du moins sans blessure, au milieu de la
licence publique et des dangereux exemples qui
l'entouraient.

Zite ne s'en fiait point à ses forces à cet égard ;
elle savait que Dieu seul peut garder le trésor
de notre cœur, trésor que nous portons dans un
vase bien fragile. — Elle retrempait donc son
courage dans la réception fréquente du corps de
Jésus-Christ ; le pain des forts la soutenait, la
fortifiait : elle avait goûté combien le Seigneur
est doux dans le sacrement de son amour ! Son
âme s'épanchait, se dilatait dans l'enivrement
d'une tendresse confiante, le Dieu des vierges
habitait son cœur : et si quelque sentiment
humain ou les assauts de la chair venaient
l'assaillir, revêtue de la force de Jésus-Christ,
elle triomphait de leurs attaques impuissantes.

L'un des auteurs de la Vie de notre Sainte
rapporte que, non contente de triompher d'elle-
même et de glorifier Dieu, Zite s'efforçait
d'étendre sa gloire parmi ses compagnes, qu'elle
voyait si avides du mariage et entrant à la
légère dans ce saint état. Ses discours à cet
égard montrent combien la piété l'avait mûrie de

bonne heure, et nous pouvons croire, d'ailleurs, qu'elle les tint quand elle était déjà un peu plus avancée en âge. L'auteur ajoute que ses conseils étaient toujours pleins de force, mais aussi pleins de prudence. Dieu l'éclairait sans doute de ces lumières intérieures qu'il se plaît à révéler aux humbles et aux ignorants, tandis qu'il les cache aux superbes et à ceux qui sont sages à leurs propres yeux [1]. — « Une vierge n'appartient qu'à Dieu et n'a qu'à lui plaire, leur disait-elle : une femme se partage entre l'amour qu'elle a pour Dieu et son affection pour son époux. Elle doit lui être soumise, et combien d'époux son durs, ont de grossières mœurs, un caractère rude et jaloux ! Mais c'est peu d'avoir affaire à un homme fantasque et brutal, que deviendrez-vous s'il est sans piété ou si votre piété lui déplaît ? Vous l'avez pris par caprice, vous n'avez pas consulté les intérêts de votre salut ; vous avez suivi la folie de votre cœur ; pensez-vous donc que Dieu vous accordera ses secours pour sortir victorieuse d'une épreuve où vous vous êtes mise sans lui ? N'avez-vous pas plutôt à craindre que votre époux ne vous entraîne dans son impiété et dans ses désordres ? — Vous aurez des enfants, c'est un bonheur qui entraîne de grands devoirs : il faut

[1] Je vous bénis, mon Père, de ce que vous avez révélé ces choses aux petits et aux ignorants.   *Evangile*.)

les élever dans la crainte du Seigneur, dans l'amour de ses préceptes ; diriger leurs pensées, leurs actions vers le devoir et le salut : cela se peut avec la grâce, mais Dieu ne l'accorde qu'à ceux qui agissent en vue de lui plaire et qui restent dans sa dépendance. Alors toutes les épreuves de la vie se changent en avantages ; mais qui ne tremblerait d'entrer dans l'état du mariage sans peser les obligations qu'il impose ? Fuyons les familiarités, les discours frivoles ; une sainte retenue est notre sauvegarde, à nous filles chrétiennes : ne faisons pas douter de l'honnêteté de notre conduite par une légèreté extérieure qui prouve que nous serions bientôt faibles. Nous ne pouvons nous environner de précautions trop minutieuses ; toutes nos richesses, toutes nos espérances ne sont-elles pas dans la pureté de nos mœurs ? » — Ces paroles étaient bien placées dans la bouche de Zite, elle les confirmait toutes par ses exemples : on voyait que l'amour de Jésus-Christ et de sa sainte Mère ne laissait de place à aucun autre sentiment dans son cœur.

Cependant le démon frémissait de rage en voyant la pieuse fille résister à la contagion générale, et marcher ferme au milieu des désordres publics. Il pressentait sans doute que Dieu se l'était choisie, et qu'afin de mieux confondre la sagesse et l'orgueil, le corps merveil-

leusement conservé de l'humble servante rendrait
témoignage de sa miséricorde jusqu'au jour où il
se lèvera glorieux du tombeau. Le démon suscita
donc une passion furieuse chez un des jeunes
serviteurs de Fatinelli. Cet homme, au langage
libre et aux mœurs hardies, profita d'un jour où
il était resté seul avec Zite, et tandis qu'elle
vaquait à quelque besogne, il s'approcha d'elle,
la saisit dans ses bras, et voulut l'embrasser. La
Sainte, naturellement délicate, se trouvait encore
affaiblie par ses nombreuses abstinences ; elle
ne le repoussa pas moins avec force, le menaçant
de Dieu et de son maître ; mais comme il persis-
tait dans son dessein coupable et cherchait à la
gagner par d'artificieuses paroles, elle n'hésita
pas, et, pleine de résolution, déchira de ses ongles
le visage de l'insolent. — Une pudeur naturelle
et la crainte qu'elle eut de céder à un sentiment
de vengeance lui firent taire cet événement. Fatinelli, à son retour, aperçut cet homme et voulut
savoir pourquoi il était blessé : Zite le lui raconta,
mais avec une charité si candide, que tout le
monde vit bien qu'elle était moins touchée de sa
propre injure que de l'offense faite à Dieu.

CHAPITRE V

Ferveur de sainte Zite. — Une lumière divine éclaire sa chambre quand elle est en oraison.

Une vie aussi pure, aussi angélique que celle de notre Sainte, n'étonnera pas ceux qui comprennent la puissance de la prière. On oublie trop les promesses magnifiques de l'Evangile en faveur des âmes ferventes qui ne craignent pas d'importuner Dieu. « Tout ce que vous demanderez en mon nom, dit le Sauveur, mon Père vous l'accordera. Demandez et vous recevrez ; cherchez et vous trouverez : frappez et il vous sera ouvert, afin que votre joie soit parfaite ! C'est l'Esprit-Saint, ne l'oublions pas, qui pousse en nous ces gémissements ineffables par lesquels nous crions : Mon Père ! mon Père ! Si vous aviez de la foi, vous diriez à cette montagne : Ote-toi de là et jette-toi dans la mer, et elle s'y jetterait. Ceux qui croiront, ajoute le Fils de Dieu, feront les choses que j'ai faites, et de plus grandes encore. » Telle est la force de la foi, telle est la puissance de la prière ! Aussi l'histoire des saints n'est-elle autre chose que le détail des faits éclatants qui confirment ces promesses : c'est toujours Jésus-Christ témoignant par ceux qui croient en lui, et manifestant au moyen de ses serviteurs la toute-puissance qu'il a reçue de son Père. — Ne nous étonnons donc pas de l'ardeur de Zite pour la prière : là elle puisait la force pour ses épreuves et l'intelligence de ses devoirs ; retirée chaque soir dans sa petite chambre, non loin de l'appartement de ses maîtres, elle s'y enfermait avec soin et se livrait alors à une contemplation affectueuse de la vie et de la mort du Sauveur. Les fins dernières de l'homme, la rapidité de l'existence, l'incertitude du moment de la mort, le jugement à venir, le bonheur des saints, tels étaient les sujets de ses constantes et pieuses méditations. — Illuminée de la grâce, elle montait dans ses ravissements jusqu'au trône de celui qui soutient et console : les témoignages contemporains portent unanimement qu'une lumière surnaturelle s'échappait de toutes les issues de la cellule où elle était abîmée en la présence de son Dieu. Les vieux auteurs disent que ses nuits étaient des veillées séraphiques, tant les consolations divines descendaient dans son âme et l'enivraient des délices ineffables réservées à ceux qui aiment d'un cœur parfait.

Zite ne pouvait se lasser d'adorer la bonté de Jésus-Christ, Sauveur des hommes; ses grandeurs, ses ignominies excitaient les transports de sa reconnaissance et de son amour. La vue d'une croix lui causait un saisissement de dou-

leur si profond qu'elle tombait à ses pieds
baignée de larmes. — Un très ancien crucifix,
formé sur la muraille de l'église de Saint-
Frédian, et qui se voit encore aujourd'hui au
dessus de l'autel dédié à la Sainte, était l'objet
de sa particulière vénération. Cette image
remonte au onzième siècle ; elle reproduit, avec
cette effusion de tendresse et de vérité qui
jaillissait du ciseau naïf de nos pères, le
moment à jamais heureux où Jésus confie le
disciple bien-aimé et avec lui tous les hommes à
sa sainte mère. Zite ne pouvait se lasser de
méditer ces paroles miséricordieuses et si
consolantes : « Femme, voici votre fils ! et vous,
voici votre mère ! » elle puisait là toute confiance, s'abandonnait entièrement à la volonté
de Dieu qui lui donnait Marie pour secours et
pour refuge : aussi, dans une douce et fortifiante
extase, la voix de celui qui parle au cœur frappa
son oreille ; la Sainte, prosternée devant le
crucifix, ainsi que l'atteste une tradition constante, mérita d'entendre des paroles sortir de la
bouche même du Sauveur.

Zite pénétrait donc de plus en plus dans les
mystérieuses clartés de la vie chrétienne, si
cachées, si obscures, pour ainsi parler, aux
yeux de ceux qui sont aveuglés par l'orgueil de
la vie ou plongés dans les délices des sens : elle
marchait simple et soumise dans la voie de

Dieu, s'appuyant de tout ce qui pouvait nourrir sa piété, dilater sa ferveur ; l'image du Christ mourant la ramenait naturellement au Calvaire, éveillait sa reconnaissance, provoquait ses larmes ! elle ne pouvait contempler Notre-Seigneur ni sa Mère, soit qu'un tableau, soit que le bois ou le marbre reproduisissent leurs traits, sans que cette image déjà gravée dans son cœur ne la fît tressaillir d'une nouvelle tendresse ; elle priait avec un surcroît de confiance devant tous ces signes sacrés qui lui rappelaient la vie terrestre de l'époux des âmes pures et les sacrifices continuels de son amour. Ainsi les objets faits par la main des hommes parlent au sens intime par les sens extérieurs : ils viennent en secours à notre faiblesse, spiritualisant, si on ose le dire, la portion matérielle de notre être, afin que l'homme, entraîné vers Dieu par l'appel de toutes ses puissances, offre dans le sacrifice de lui-même l'hommage complet, l'adoration en esprit et en vérité !

La pieuse servante avait également une grande confiance dans les saints : elle savait combien leur intercession est puissante, et que ces amis particuliers de Dieu sont aussi les nôtres, parce que la gloire divine, dont ils jouissent, est la récompense des victoires qu'ils remportèrent ici-bas dans les mêmes épreuves où nous passons après eux : leurs prières nous sou-

tiennent, leurs exemples nous encouragent : ils
furent hommes commes nous, sujets à la faiblesse, à l'erreur : les penchants de notre nature
corrompue furent les leurs ; mais ils les domp-
tèrent comme nous pouvons les dompter, aidés
de la grâce : leur volonté pleine d'ardeur opéra
leur salut par la patience ; c'est pourquoi l'Eglise
propose à notre imitation et à notre culte ces
fidèles imitateurs du Christ. Zite avait une
dévotion singulière pour saint Jean et pour
Marie-Madeleine, qui, entre tous les saints, lui
paraissaient, l'un par sa pureté angélique, l'autre
par sa pénitence, avoir été le plus avant dans la
tendresse du Sauveur. Remplie des sentiments
qui avaient embrasé leur cœur, elle s'efforçait à
reproduire les vertus de ces grands modèles.
Les miséricordes de Dieu ne les frappaient
jamais davantage que dans l'abondance des
grâces reçues par l'illustre pénitente après tant
de fautes. Ainsi le culte des saints enseigne,
console, fortifie, et rapproche la distance si
grande qui nous sépare de Dieu ; il semble que
ces existences à jamais heureuses que la divine
miséricorde a faites, forment les degrés d'une
échelle mystérieuse, par lesquels Dieu nous
invite à franchir l'espace qui sépare la terre du
ciel.

Zite, pleine d'humilité au milieu des faveurs
dont elle était inondée, en laissait à peine

deviner quelque chose, même à son père spirituel, dans la crainte que ses visions et ses
extases ne la fissent considérer autrement que
comme une pécheresse digne de mépris. Elle
se jugeait petite, misérable, coupable ; ses
lumières intérieures croissaient en proportion
des grâces qu'elle recevait ; elle sentait que la
grandeur infinie de Dieu écrase, et que quand
il daigne compatir à la faiblesse des créatures
et se communiquer à elles, celles-ci ne peuvent
donner en retour qu'un amour sans mesure,
correspondant, toutes faibles qu'elles soient,
par l'abandon complet d'elles-mêmes, au vues
miséricordieuses du Créateur.

Ces répétitions sur la vie intérieure des saints
paraissent froides dans notre âge ; et cependant nous abrégeons les vieux auteurs. Ils ne
tarissent jamais sur ce point, parce que la
prière est l'aliment de la sainteté, et qu'ils
écrivent sous la double impression de faits
récents et d'une foi vive ; aussi, lorsqu'ils nous
montrent à chaque page les saints plongés dans
la méditation ou l'oraison, c'est comme si nous
les entendions nous dire : Voyez-vous combien
il y avait de vie céleste en eux, et quelle était la
santé parfaite de leur âme !

Pendant une de ces oraisons si ferventes de
la Sainte, le temps s'écoula de telle sorte qu'au
moment où elle sortait de Saint-Frédian, le

soleil déjà haut sur l'horizon lui rappela qu'elle avait dépassé l'heure où elle avait coutume de faire le pain. Elle se hâta de regagner le logis, en se reprochant sa négligence ; car elle ne se pardonnait pas l'oubli d'un devoir. Zite arrive, trouve le pain pétri : il ne restait plus qu'à le mettre au four. La sainte fille ne douta pas qu'une autre servante ou sa maîtresse elle-même n'eussent bien voulu faire la besogne en son absence ; elle se rendit donc auprès de cette dernière pour s'excuser de son retard ; sa maîtresse et ses camarades étonnées ne savaient ce qu'elle voulait dire ; personne n'avait pétri les pains, et comme ils répandaient un parfum extraodinaire dans la maison, on n'hésita pas à croire que Dieu n'eût envoyé ses anges les préparer, tandis que l'humble servante était perdue dans les ardentes extases de la prière.

CHAPITRE VI

L'Italie au temps de sainte Zite. — Nouveaux Ordres religieux. — Leur action sur les mœurs. — Démêlés entre le Pape et les Lucquois. — Lucques mise en interdit. — Douleur de sainte Zite.

Nous avons besoin de remonter un peu en arrière de notre histoire, et d'embrasser un point de vue plus général, afin de bien comprendre les difficultés que les âmes ferventes avaient à surmonter dans ce temps pour se sanctifier. Zite vivait dans une condition humble et cachée sans doute ; ses jours s'écoulaient dans l'accomplissement de devoirs obscurs ; mais elle n'en avait pas moins de nombreux rapports avec ses semblables, et ne pouvait rester ignorante des troubles publics ni des mœurs licencieuses de la ville où elle servait.

L'Italie était alors travaillée par des éléments bien contraires : à côté de l'action religieuse exercée par saint Dominique, dont un couvent s'établissait à Lucques vers cette époque, et par saint François d'Assise, l'amateur désespéré de la pauvreté, comme parle Bossuet, qui passa pour fou parce qu'il donna gain de cause dans son cœur aux richesses spirituelles sur les

richesses que lui offrait la maison de son **père** ;
à côté, dis-je, de leur action religieuse, **une
action démoralisatrice** se produisait avec non
moins de puissance, avec l'éclat qui s'attache
aux grandeurs de ce monde mises au service de
toutes les passions. — Quand, en effet, les
hommes élevés en naissance, en dignités, en
richesses, revêtent de splendeurs apparentes ce
qu'il y a de honteux au fond des appétits
grossiers de l'homme ; que l'orgueil, l'avarice et
la luxure sont relevés aux yeux vulgaires par
ces prestiges de gloire et de fêtes qui éblouissent
et entraînent, il s'ouvre comme une lutte entre
les désordres de chacun agissant sur tous, et les
peuples semblent travaillés par l'émulation du
mal : époque de nuit morale, où lois, mœurs,
familles, société, tout succomberait si Dieu ne
suscitait alors, comme autant d'éclairs de vertu
et de courage, ces grands redresseurs des
égarements humains, les saints, fils de sa
Providence, dont les exemples frappent le
monde et le ramènent dans la voie de la vérité
qu'il abandonnait. Ainsi dans ce chaos affreux
où les guerres continuelles, la licence des idées
et des mœurs plongent l'Italie, apparaissent ces
hautes et saintes figures de Dominique et de
François. Epris de la pauvreté du Christ jusqu'au délire, ils ne craignent pas d'entrer en
lutte avec le siècle, et ils le vaincront. A leur

voix, chose admirable, des hommes se détachent des grandeurs, des plaisirs, des richesses, et embrassent le renoncement absolu avec amour. La mission de Dominique, lente dans son principe, s'exercera victorieusement plus tard sur la scène du monde, tandis que mille disciples se pressent en moins de dix années autour de la Portioncule de Sainte-Marie-des-Anges, si chère aux enfants de l'humble François [1].

Mystérieuses voies de la Providence ! ce que le génie de la politique, ce que la science qui dirige les empires étaient impuissants à faire, un mendiant va l'accomplir, sans autres moyens qu'une grande abondance d'amour pour Dieu et de charité pour les hommes ; et l'Église, qui semblait pencher vers sa ruine, se redresse merveilleusement affermie par le secours qui lui vient ainsi d'une bouche sans éloquence, mais d'un cœur dévoré du feu impérissable et divin ! Nous saurons tout à l'heure la nature et la gravité du mal qui rongeait l'Italie ; mais nous avons besoin de constater auparavant l'action morale exercée par saint François. Elle fut telle que l'on crut un moment que l'amour de la pauvreté l'emporterait sur l'amour du siècle,

[1] La Portioncule est une petite chapelle où vécut saint François d'Assise, où il eut beaucoup de visions et qui est conservée en grande vénération dans la magnifique église de Sainte-Marie-des-Anges.

et que les hommes retrempés aux sources vives
de la foi allaient désormais s'occuper de leurs
intérêts éternels avec les mêmes scrupules qu'ils
apportent dans le soin des choses dont ils se
séparent à la mort. La milice de saint François
compta en effet, sous le nom de frères du tiers-
ordre, un grand nombre d'hommes que leurs
engagements retenaient dans le monde : ils par-
ticipaient, par l'observance de certaines règles,
aux grâces et aux prières de l'ordre entier.
Sainte Claire, la fille spirituelle de François,
ouvrait les mêmes voies de perfection aux
Pauvres Dames, connues de nos jours sous le
nom d'humbles Clarisses : de nobles princesses
renonçaient à la gloire et aux pompes du siècle
pour embrasser leur étroite pauvreté. Ainsi
brillaient dans une abnégation sublime les deux
saintes Elisabeth de Hongrie et de Portugal ;
sainte Rose de Viterbe ; Isabelle, sœur de
Louis IX, roi de France ; Marguerite de Lor-
raine, duchesse d'Alençon, et cette autre Marguerite, que ses infortunes et sa pénitence
rendent doublement chère à Cortone, sa patrie.
— Nous ignorons si la servante de Lucques fut
au nombre des saintes mendiantes du tiers-
ordre ; elle en portait le signe distinctif : la
corde qui ceignait étroitement ses reins et que
sa chair recouvrait en partie quand on l'aperçut
après sa mort, donne lieu de notre part à cette

conjecture que sa grande piété justifie à tant
d'égards. Le tiers-ordre de saint François comptait ce qu'il y avait de plus éclatant parmi les
hommes du temps : saint Louis ; Charles II, roi de
Sicile ; Béla IV, roi de Hongrie ; le cardinal Fréjo ;
le savant Lulle. On sait que Pierre Desvignes,
chancelier de Frédéric II, l'adversaire acharné
du Saint-Siège, écrivait à son maître : « Ces confréries réunissent universellement les hommes
et les femmes ; tous y accourent, et à peine se
trouve-t-il une personne dont le nom n'y soit
inscrit [1]. »

Mais si les ordres religieux commençaient à
renouveler la piété, la licence des mœurs et les
désordres publics étaient trop grands pour ne
pas ébranler les faibles et détourner beaucoup
d'âmes du service de Jésus-Christ.

La dépravation était cependant plus à la
surface qu'au fond des mœurs ; nul ne con-
fondait le juste et l'injuste, ce qui est permis et
ce qui est défendu par les lois divines et
humaines : tout le monde acceptait la vérité des
principes essentiels et permanents qui régissent
la société et la famille. Ces principes dominaient,
supérieurs aux passions qui agitaient alors les
hommes ; peu d'entr'eux étaient descendus par
la perversité à ce degré de hardiesse qui tue la

[1] Livre I, lettre 37.

conscience pour échapper au remords. L'intelligence restait droite au milieu des coutumes les plus déplorables : on commettait des crimes, on ne les justifiait pas. Ce contraste entre les actes et la conscience des peuples s'explique par l'état guerroyant de toutes les villes de l'Italie, et par les excès qui naissent d'une telle situation.

Lucques, continuellement en lutte avec Pise, dont la prospérité l'éclipsait, venait de faire la paix avec elle par la médiation et sous les auspices du page Grégoire IX [1], quand elle eut de graves démêlés avec ce même pape à l'occasion des faits suivants. La Garfagne, contrée sise au nord de la république, était sous son allégeance, et lui formait un boulevard important par divers points fortifiés contre les irruptions des états voisins. Ses habitants se révoltèrent, furent vaincus et châtiés si durement, que, voulant secouer le joug, ils firent entendre sous main à Grégoire, que leur sujétion était le fait de la violence, qu'ils étaient libres et comme tels qu'ils se donnaient à lui. Le Pontife reconnut leurs droits, accueillit leur offre et leur fit jurer obéissance au Saint-Siège sans tenir compte des réclamations des Lucquois. Le Pape envoya même en Garfagne prendre possession en son nom. Les Lucquois, l'ayant appris, fondirent à

___
[1] Elu pape en 1226.

l'improviste sur un lieu nommé Lupia où l'on s'était soumis au Pontife, mirent tout à feu et à sang, n'épargnèrent ni les temples, ni les prêtres, ni les choses sacrées, mais assouvirent impitoyablement leur vengance. Le Pape, informé de cette horrible action, fulmina l'excommunication sur la république, et mit le diocèse en interdit [1].

Ces faits se passèrent de 1231 à 1234, deux années depuis l'entrée de Zite au service de Fatinelli : quelle épreuve pour sa jeune âme ! on peut juger facilement de sa douleur. Elle entrait dans cette époque de la vie où l'on a besoin de toutes les consolations de la piété, de tous les secours de la religion, et ils lui manquaient ! car l'interdit, si formidable en lui-même, avait des résultats terribles en ce temps où l'antique droit ecclésiastique n'était pas encore modéré comme il le fut plus tard sous les pontificats de Boniface VIII [2], de Martin V [3] et d'Eugène IV [4].

Qu'on se figure, au milieu de cette société du treizième siècle, ce qu'était la mort spirituelle dont l'interdit la frappait. Plus d'ornements sur les autels, plus de chants sacrés, plus de cérémonies religieuses, plus d'instructions ni de

---

[1] Antonio Mazzarosa, *Hist. de Lucques.*
[2] 1294. — [3] 1417. — [4] 1431.

consolations divines, puisées dans la parole sainte et dans la participation au mystère de l'autel ! l'église close et vêtue de deuil, les prêtres priant en silence, couverts d'ornements funèbres ainsi qu'aux jours des grandes désolations. La publication solennelle de l'interdit préparait les âmes à cette situation accablante. Au milieu d'un concert lugubre, les prêtres descendaient les reliques sacrées sous les voûtes souterraines des églises, voilaient l'image de Jésus-Christ aux yeux des indignes ; puis le légat du Saint-Siège, revêtu d'une étole violette, prononçait le retranchement des coupables. Les lumières étaient éteintes, les images des saints cachées aux regards : des pierres jetées de la chaire, au moment où l'église allait se clore sur la foule, lui indiquaient que Dieu la repoussait de sa présence. — La porte se fermait enfin, et tout le peuple ne pouvait plus que gémir en dehors du temple, dont l'intérieur offrait désormais le silence et la nuit du tombeau.

Les cloches sacrées n'invitaient plus les fidèles à la participation du sacrifice qui obtient la grâce, ni des sacrements qui l'entretiennent et la renouvellent dans les âmes. Elles étaient muettes sur le berceau comme sur la tombe. Le baptême était dépouillé de ses cérémonies pleines d'espérances ; le Viatique, consacré le vendredi matin en l'absence du peuple, était porté secrètement au moribond ; le mariage se contractait hors de l'église en présence des tombeaux. On n'accordait la sépulture chrétienne qu'aux prêtres, aux mendiants, aux étrangers et aux pèlerins. Telle était la morne stupeur qui régnait alors sur les populations entières, que le commerce, les affaires, les soins les plus ordinaires de la vie étaient presque totalement suspendus. Les populations effrayées entraient dans la voie de la pénitence chrétienne et travaillaient à se réconcilier avec le ciel par la réforme des mœurs [1]. Nous ne savons pas si l'interdit s'exerça dans toute cette rigueur sur la république de Lucques, ou si le légat du Saint-Siège y apporta quelques-uns de ces adoucissements que l'Eglise dispense en faveur de ses enfants innocents qu'elle confond rarement dans la pénitence infligée aux coupables ; toujours est-il que notre jeune Sainte dut éprouver alors une de ces douleurs dont les âmes intérieures sont seules capables, parce que seules elles participent mystérieusement aux souffrances comme aux joies du Christ. — Il nous est toutefois permis de croire que Zite recevait alors de merveilleuses forces dans le sacrement de pénitence, que l'on pouvait encore pratiquer, et que le Sauveur, qui

---

[1] Voir la description de l'*Interdit*, par Hurter, *Vie d'Innocent III*, trad. de M. de Saint-Chéron.

se l'était choisie entre mille, la dédommageait de son absence par des consolations intimes et de nombreuses faveurs. L'histoire rapporte que Zite, avec la permission de ses maîtres, faisait de fréquents pèlerinages, tantôt à l'église de Sainte-Marie-Madeleine, en Cerbaye, tantôt à Saint-Jacques in Poggio, église voisine de Pise et sur le territoire non interdit de cet état. La terreur qu'inspiraient les hommes de guerre, l'âpreté des chemins, rien ne l'arrêtait. Poussée par l'esprit de Dieu, elle allait comme vont les saints, par la soumission et par l'indépendance : soumise à ses maîtres spirituels et temporels, avait-elle licence des uns et des autres, qui pouvait l'arrêter ? — Nous n'osons affirmer cependant que ce fut dès cette époque qu'elle reçut des grâces extraordinaires et marchait accompagnée de la sainte Vierge ou transportée par les anges ; mais il est naturel de penser que les pèlerinages qu'elle fit et que nous rapporterons dans la suite, furent entrepris par la Sainte pour remercier Dieu aux lieux mêmes où, dans ces temps calamiteux, elle avait eu le bonheur de participer au Sacrement qui germe les vierges [1] et qui forme les forts.

[1] Vinum germinans virgines.

CHAPITRE VII

Coup d'œil sur la ville de Lucques. — Troubles civils. — Maison italienne au Moyen Age. — Vie privée de cette époque. — Fatinelli confie à sainte Zite la surveillance de sa maison et le soin de ses enfants. — Miracle des fleurs,

La ville de Lucques qui nous apparaît si brillante, si calme à la fois, assise qu'elle est au milieu d'une vallée fertile couronnée de beaux ombrages, et ceinte au midi, au couchant et au nord par des montagnes boisées et bleuâtres qui fuient, s'allongent, changent d'aspect, selon les heures du jour, sous les jeux variés des ombres et du soleil ; Lucques renfermant dans son sein une population joyeuse, active, instruite et polie, douée de ce qui fait l'aisance de la vie, la sûreté et le charme des relations, formait, au treizième siècle, l'une de ces républiques remuantes de l'Italie qui avaient leurs mœurs, leurs lois, leurs intérêts, leur vie propre en dehors de la nationalité italienne, et qui exerçaient une action souveraine dans le cercle peu étendu de leurs droits. Aux passions qui naissaient de la rivalité de ces républiques par suite des froissements de toute nature auxquels leur rapprochement extrême donnait lieu, se joignaient les passions

politiques communes à la race italienne relative-
ment à l'empire germain, et les ambitions privées
des familles puissantes qui agitaient ces petits
états qu'elles voulaient gouverner. Donc trois
sources de troubles et de guerre ! Ces contrées
si paisibles aujourd'hui, ces montagnes au flanc
desquelles brillent des maisons de plaisance et
des villages plantureux et abondants, étaient
alors couvertes de forts, sillonnées de gens de
guerre ; les villes entourées de hautes murailles
avaient un aspect farouche ; les nobles s'y forti-
fiaient. Leurs demeures crénelées. au-dessus
desquelles se dressait une tour pittoresque et
menaçante, dominaient les cases de la plèbe ; il
s'en comptait près de trois cents dans la seule
ville de Lucques ; aussi, sous le moindre pré-
texte, au plus léger événement, les rues devenaient des champs de bataille et la querelle de
deux maisons ensanglantait la cité.

La famille de Pagano di Guglielmo Fatinelli,
maître de notre Sainte, n'était étrangère à aucun
trouble ; on la voit mêlée à toutes les guerres
intestines, et les annalistes de l'état de Lucques
la montrent engagée tour à tour sous divers
drapeaux. Sa demeure était donc le rendez-vous
de parents et de clients nombreux ; là se prépa-
rèrent sans doute quelques-unes des brigues et
des luttes qui désolaient le pays.

C'est un singulier tableau que celui que présente une maison italienne au Moyen Age. Voici qu'une sorte de forteresse assise au sein d'une cité est à la fois centre d'une famille, d'une association politique et d'une industrie ; car les familles patriciennes étaient commerçantes à cette époque-là. Les Lucquois s'adonnaient à la fabrication des draps et de la soie ; les combattants de la place publique étaient donc des ouvriers, successivement hommes de guerre et de travail. L'extrême simplicité des mœurs du siècle précédent [1], l'absence du luxe n'existaient plus, et les désirs de jouissances nouvelles, rarement goûtées jusqu'alors, se joignaient aux passions politiques du temps.

C'était donc au milieu d'une famille remuante, parmi des hommes tour à tour serviteurs, guerriers, fabricants, au sein de l'agitation causée

[1] Ricobaldi et Jean Villani, peignant les mœurs de cette époque, disent que les ameublements n'avaient encore rien de somptueux : la table était couverte de grosses viandes, et non de mets délicats, et une torche de bois résineux éclairait la vaste salle où tous les commensaux se réunissaient. Mais il faut reculer d'un siècle pour rencontrer ces femmes florentines qui se contentaient d'une jupe très étroite de rouge écarlate retenue par une ceinture de cuir à l'ancienne mode, avec une mantille doublée de gris, à capuchon pardessus ; et c'était là cependant la mise des femmes d'une condition relevée : celles du menu peuple portaient des vêtements de la même forme en une sorte de toile de Cambrai, couleur gros vert. Les hommes, de leur côté, s'habillaient de laine ou de peaux d'animaux sans doublure ; ils couvraient leur tête d'un bonnet de même étoffe, portaient des sandales ; mais ils alliaient à ces rudes coutumes d'austères mœurs.

par des collisions quotidiennes entre les citoyens,
dans une atmosphère de bruit, d'intrigues et de
haine que Zite vivait, toute détachée de la terre,
tout embrasée d'une charité ardente pour ceux
qui l'entouraient ! Calme dans ce mouvement
auquel elle ne prenait aucune part, pure quand
les désordres se multipliaient autour d'elle, notre
Sainte subissait ses épreuves, puisant sa force
dans l'accomplissement de ses devoirs, et ses
consolations dans la prière. Unie à Dieu, elle
possédait son âme dans la patience, retrempait
son courage dans ses bonnes œuvres continuelles, montait par ses espérances au delà du
temps, et, redescendue sur la terre, pouvait dire
véritablement alors : Rien ne coûte à celui qui
aime ; car notre Sainte aimait Dieu seul ! Cet
amour explique comment elle pouvait rester en
dehors des passions qui troublaient tous les
esprits, comme elle ne paraissait au milieu des
hommes que pour faire le bien. Les pauvres, les
malades, les affligés, tels étaient ceux qu'elle se
plaisait à visiter, à entourer de soins, dont elle
eût voulu prévenir tous les besoins. Ceux qui
souffraient trouvaient en elle une mère, à l'imitation de celle que l'Eglise nomme la consola-
trice des affligés et le salut des infirmes. Cela
n'étonnera pas quand on saura que sa dévotion
envers la très pure Vierge était si vive que toute
femme portant le nom mystérieux de Marie

devenait à ce seul titre chère à ses yeux. Mais plus elle se cachait, plus sa vertu éclatait aux regards ; Faţinelli en fut tellement frappé qu'il lui confia le soin de ses enfants et l'administration de sa maison.

Notre Sainte fut moins touchée du témoignage que l'on rendait aux mérites que Dieu faisait briller en elle, qu'effrayée de la charge qu'elle allait remplir. Elle devait surveiller toutes choses, distribuer le travail à ses compagnes et gouverner avec économie les ressources de la maison ; car au milieu de leurs brigues les Lucquois ne négligeaient pas leurs intérêts : leurs prétentions nobiliaires n'étaient pas les idées chevaleresques et désintéressées des fiers barons du Nord ; aussi avaient-ils avec les habitants de Sienne, de Pavie [1], de Florence et d'Asti le privilège d'être associés aux juifs dans la haine générale que leur usure méritait.

« Ecc' un degli Anzian di santa Zita ;
« Mettetel sotto, ch'i' torno per anche
« A quella terra che n'è ben fornita :
« Ogni uom v'è barattier, fuor che Buonturo !
« Del nò, per li denar, vi si fa ita. »

(Dante, *Inferno*, C. xxi, 38 [2].)

---

[1] Pavie et Lucques étaient les villes où l'on battait monnaie. La monnaie de Pavie circulait dans l'empire, celle de Lucques avait la préférence dans le reste de l'Italie.

[2] « Voici un des anciens de la ville de sainte Zite, emparez-vous-en, que je retourne vers cette terre qui est si bien

Mais le principal soin de Zite se porta sur les enfants ; elle comprit qu'une grande responsabilité pesait sur elle. Les enfants de Fatinelli, rejetons d'une famille importante, devaient jouir d'une grande influence dans la suite. Leurs actions pouvaient servir d'exemple un jour. Il s'agissait donc d'incliner de bonne heure leur âme vers le bien, et de donner une heureuse impulsion à leurs jeunes penchants. Zite était illettrée, mais divinement instruite à l'école de Jésus-Christ ; ce fut aux pieds de ce maître qu'elle les conduisit. Elle leur apprit à élever leur cœur vers Dieu, à marcher en sa présence, à aimer la vérité, à être doux, compatissants envers les pauvres, à chérir leurs parents, à honorer les vieillards ; c'est ainsi que, par une suite de leçons proportionnées à la faiblesse de leur âge, la sainte fille répandait dans leurs âmes candides, et avec une affection extrême, la semence précieuse des vertus qu'elle espérait y voir fleurir un jour.

Fioriti, l'un des écrivains modernes de la vie de sainte Zite, entre ici dans d'assez nombreux détails, et nous fait presque assister aux leçons journalières qu'elle adressait aux enfants : nous n'avons pas osé nous étendre ainsi à cet égard,

fournie d'hommes pareils. Là tous sont gens de fraude, excepté Buonturo ! et les consciences n'obéissent qu'à la toute-puissance de l'or. »

parce que le manuscrit contemporain de notre Sainte, conservé chez les Pères Camaldules, ne les rapporte pas. Mais nous dirons volontiers avec lui : Zite agissait d'autant plus efficacement sur leur esprit que toutes ses leçons étaient appuyées par ses exemples. Elle se fût reprochée comme un crime, de faire ou de dire la moindre chose qui altérât leur naïve confiance, ou qui troublât leur cœur. Sa vie était un miroir où ses leçons se réfléchissaient pures et attrayantes. Ce n'était pas pour Zite que le Sauveur avait prononcé cet anathème terrible : « Malheur à qui « scandalise l'un de ces petits, il vaudrait mieux « qu'on lui mît au cou une meule de moulin et « qu'on le jetât au fond de la mer ! »

Zite ne perdait pas de vue les soins qu'exigeait la maison de Fatinelli ; elle y faisait briller l'ordre et la régularité. Ses maîtres l'appréciaient davantage de jour en jour : ils admiraient sa conduite digne et simple à la fois ; son éloignement pour les nouvelles, les rapports, son activité qui suffisait à tout, et qui faisait prospérer tout entre ses mains. Ils autorisaient ses nombreuses charités, sachant bien que la sainte servante, jalouse de leurs intérêts de ce monde, les enrichissait doublement en leur amassant par l'aumône des trésors pour l'autre. Zite utilisait donc en faveur des pauvres ce qui pouvait être perdu ou dissipé dans la maison.

Fatinelli nous est dépeint comme un homme bon, mais d'un caractère fantasque et violent, n'aimant rien de ce qui le surprenait, et se livrant dans le premier moment à des mouvements de brusquerie et de colère. Notre Sainte, quelle que fût la vénération qu'elle lui inspirât, n'échappait pas toujours à son humeur fâcheuse ; nous en avons une preuve dans le fait suivant. Certain jour, Zite descendait l'escalier avec une charge de morceaux de pain dans son tablier. C'étaient des restes qu'elle portait à de pauvres familles du voisinage, et elle se cachait soigneusement de tout le monde, afin que Dieu seul fût témoin de sa bonne action. Mais voilà que Fatinelli la rencontre et lui demande avec humeur où elle va, et ce qu'elle emporte encore hors du logis. Zite un moment troublée abaisse toutefois son tablier et lui répond en souriant : Ce sont des fleurs, mon bon maître ; voyez plutôt, ce sont des fleurs ! — Le tablier, à la surprise de Zite, se trouva, en effet, rempli des fleurs les plus charmantes. Elle poursuivit son chemin, le cœur plein du miracle qui venait d'avoir lieu : elle entra chez les pauvres, et leur distribua son aumône, car les fleurs étaient redevenues des pains savoureux.

A cette époque, et dans des circonstances presque semblables, Dieu opérait le même prodige en faveur d'une princesse dont la sainteté

n'échappa à aucune douleur. La vie de la chère
sainte Elisabeth est présente à toutes les mé-
moires ; et quand nous vîmes la toile et le marbre
porter à la postérité le souvenir du trait de miséricorde divine que nous venons de rappeler, il
nous a été impossible de ne pas remarquer combien avait été différente l'existence des deux
contemporaines, qui n'ont pour rapprochement
commun que leur sainteté et ce miracle ! Leurs
vies, placées à tant de distance humaine, ont
continué d'être dissemblables dans ce qui rap-
pelle leur souvenir : la veuve des souverains, la
fille des rois n'a plus de tombeau dans sa patrie ;
les traces de sa magnificence et de ses bienfaits
n'y sont plus ; on y repousse ses miracles avec
horreur ; et le sacrifice de l'Agneau sans tache
n'est plus offert là où l'illustre Elisabeth partici-
pait au mystère divin et répandait son abondante
prière. Les générations indifférentes ont succédé
aux générations impies qui jetèrent sa cendre au
vent ! Aussi le ciel, comme pour la dédommager
de tant d'outrages et d'oubli, a permis qu'un
chrétien élevât de nos jours un monument impérissable à sa mémoire. — La servantes de Lucques a traversé cinq siècles et la moitié d'un
siècle toujours présente au souvenir de ses concitoyens. On ne peut faire un pas sans rencontrer
une de ses traces aux lieux où elle fut, et le cœur
des habitants de toute une cité semble un sanc-

tuaire où vit sa mémoire. — Le saint Sacrifice ne fut jamais interrompu sur l'autel où repose son corps entier et sans corruption !

Eglises, chapelles, oratoires, statues, tableaux commémoratifs de faits miraculeux, tout atteste la vénération attachée à son nom ! C'est le premier que l'enfant apprend dans les chansons des montagnes ; les filles le tiennent de leurs mères, afin qu'à l'exemple de Zite elles soient des modèles de pureté. Vanité des choses humaines ! Elisabeth sous une couronne, Zite, servante obscure, étaient écartées aux points extrêmes de l'établissement social ; mais toutes deux avaient cette bonne volonté que Dieu mesure à la règle juste et droite dont parle l'Apôtre, et toutes deux arrivent à la plénitude de la gloire promise à ceux qui n'ont pas reçu leur âme en vain. Sainte Elisabeth racheta ses grandeurs par de rudes souffrances ; elle se sanctifia sous cette croix pesante dont Dieu gratifie les cœurs choisis. Sainte Zite n'eut à supporter que des épreuves ordinaires ; Dieu voulait sans doute nous apprendre qu'elles suffisent pour le salut de ceux qui satisfont à sa justice en portant le poids du jour et de la chaleur, et qui accomplissent la pénitence imposée à nos premiers pères, en mangeant leur pain à la sueur de leur front ! La part des pauvres est donc belle sur la terre : leurs souffrances achètent le ciel ! mais il faut

qu'ils soient pauvres comme l'était notre Sainte :
pauvres de la pauvreté de Jésus-Christ, et riches
en grâces par la douceur envers les hommes ;
par la patience à l'égard des maux de la vie, par
la soumission à la volonté divine, et par cette
attente des biens de l'avenir qui fait le détachement et la consolation des saints.

CHAPITRE VIII

Caractère pratique de la piété de sainte Zite. — Sa cha-
rité envers ses camarades. — Sa douceur désarme
Fatinelli. — Sa douleur quand elle voit offenser Dieu.
— Amour des pécheurs. — Amour des criminels. —
Son humble obéissance. — Nouveau miracle.

Zite avait cette piété sérieuse des saints qui ne
s'arrête pas au dehors de la vie chrétienne, mais
qui pénètre son intimité et sa profondeur. Elle
n'était pas du nombre de ces personnes qui sont
plus prêtes à prier Dieu qu'à pardonner une injure, à visiter une église qu'à remplir les obligations de leur état, à faire une aumône qu'à retenir
une raillerie blessante ou à mortifier leurs sens.
L'un n'est cependant que l'écorce de l'autre ; et si
la dévotion est souvent décriée, si la piété, quoi-

que sincère, est suspecte à plusieurs, ne produit
pas l'édification publique ni la conversion des
pécheurs, n'est-ce pas la faute d'un grand nombre de chrétiens qui, n'allant pas au fond de la
religion, se contentent des pratiques extérieures
et faciles, tandis qu'ils négligent d'extirper leurs
défauts ? La religion a pour but de nous renouveler en Jésus-Christ, de former l'image du Fils
de Dieu en nous, de faire mourir l'homme de
péché : ce fut là le travail des saints. Leur vie,
si simple, si dramatique à la fois, repose sur
cette seule idée. Un saint présente en lui le com-
bat de l'homme nouveau contre le vieil homme,
la lutte de l'esprit contre la chair. L'histoire d'un
saint, c'est l'histoire de l'intelligence aux prises
avec la matière et la domptant par la grâce.
Ainsi en était-il de notre pieuse servante ; comme
les saints, elle portait partout cette bonne odeur
de Jésus-Christ qui donne une vertu efficace aux
paroles et aux exemples.

Loin de s'enorgueillir de la confiance que ses
maîtres lui témoignaient à si juste titre, loin de
se relâcher de ses anciens devoirs, dont sa condition plus relevée la dispensait, l'humble fille
les remplissait avec plus d'ardeur au contraire ;
et d'ailleurs le travail ne la détournait pas de la
piété. Elle savait qu'aucune action n'est indiffé-
rente quand elle peut servir au salut. Si les soins
domestiques l'exigeaient, elle quittait, ou plutôt,

elle continuait d'une autre manière le service de
Dieu : on admirait le dégagement d'esprit avec
lequel Zite passait de la prière au travail et du
travail à la prière. Et ceux qui ignorent le secret
des âmes intérieures s'émerveillaient de cette
nature facile, toujours prête, toujours docile,
toujours s'inspirant de ce qui pouvait être utile
ou plaire à autrui, toujours absente d'elle-même !
C'était de cette manière qu'elle avait gagné tout
le monde, obtenu la confiance de ses camarades :
agréable, prévenante pour chacun d'eux, elle les
encourageait dans leurs ennuis, apaisait leurs
différends, les consolait dans leurs disgrâces. Tel
était l'empire de miséricorde exercé par notre
pieuse servante, que chacun lui portait ses
amertumes, ses douleurs, ses craintes, et s'en
revenait fortifié par les douces et réconfortantes
paroles que la charité lui inspirait.

Cette vie de détachement personnel, de charité
expansive, ne pouvait être sans influence sur
ceux qui en étaient les témoins. De même qu'une
plante odoriférante ne peut céler son parfum,
mais le répand délicieux, au contraire ; ainsi
l'amour divin rayonnait, ainsi l'odeur des plus
aimables vertus s'étendait autour de la Sainte !
Qui eût osé se railler d'une piété aussi constante,
aussi pure ? qui n'eût envié, au contraire, le
bonheur qu'elle goûtait dans l'amour de son
Dieu ? — On ne doit donc pas s'étonner si la

religion et les bonnes mœurs refleurirent dans la maison de Fatinelli, sous son action à la fois douce et puissante. Zite, chère à ses compagnes, dont elle était moins la surveillante que l'amie, leur inspira bientôt le goût des habitudes sérieuses, et les initia peu à peu aux douceurs cachées de l'amour divin. Mais combien son zèle à cet égard était tempéré par la prudence ! Elle ne les fatiguait pas d'exhortations inutiles, de réflexions mécontentes. Loin de suivre les inspirations d'une piété inquiète, notre Sainte, toujours calme, prenait conseil avant d'agir ; soumise à la volonté de Dieu, c'était de lui qu'elle attendait l'heure de la grâce ; elle en hâtait le moment par la prière, c'était tout le moyen qu'elle employait pour fléchir la justice de Dieu et intéresser sa miséricorde en faveur de ceux pour lesquels elle suppliait. — Zite éprouvait une profonde tristesse à la vue d'une méchante action ; son silence était souvent le seul reproche qu'elle adressât à ses compagnes ; mais aucune médisance, aucune parole déshonnête ne frappait ses oreilles sans que cette fille courageuse ne les reprît avec force, tant elle était émue par tout ce qui offensait la charité ou les mœurs.

Il ne nous est pas difficile de penser que notre Sainte avait toujours une opinion favorable d'autrui ; elle jugeait des sentiments du prochain par la pureté de ceux qui l'animaient : pouvait-elle croire au mal, elle qui le fuyait avec tant de soin ? et comment eût-elle condamné sévèrement les fautes qui frappaient ses yeux, elle qui se voyait si misérable et si fragile ? Là est le secret de l'indulgence des saints, de leur compassion miséricordieuse pour les faibles et les coupables. Zite était la médiatrice de ses camarades, elle faisait valoir leurs excuses, justifiait leurs intentions, se plaçait entre eux et le courroux de son maître. Fatinelli résistait-il à ses prières, elle se jetait à ses pieds, l'implorait avec ardeur, et ne se relevait pas avant d'avoir obtenu leur grâce. Sa charité était une force suppliante, elle brisait la rudesse de Fatinelli. On remarque même qu'il évitait de rencontrer la sainte fille quand il était en colère : ainsi les doux possèdent la terre, et toute résistance expire devant ceux chez lesquels surabonde une éternelle douceur !

L'amour divin remplissait le cœur de Zite et se répandait sur le prochain. Amis ou ennemis, bons ou mauvais, trouvaient en elle une disposition bienveillante et charitable. Elle aimait les bons parce qu'ils sont les amis de Dieu, les méchants parce qu'ils peuvent se corriger et le devenir. Tous étaient à ses yeux des frères, enfants du même père, rachetés du précieux sang de Jésus-Christ. Son cœur se brisait à la pensée que la malice des hommes rendit inutile la mort du Sauveur ! Ses larmes coulaient abondamment quand elle voyait offenser Dieu ; il lui semblait alors participer à ce crime ; elle eût voulu l'effacer par sa pénitence.

L'usage, dans ces temps, voulait que la cloche de la Basilique (c'était alors Saint-Frédian) sonnât chaque fois que l'on conduisait un criminel au dernier supplice. Les fidèles étaient ainsi invités à se mettre en prière pour obtenir la conversion du patient, et pour que son passage du temps à l'éternité fût entouré de consolations et de secours. La société, qui le retranchait de son sein avec douleur, enseignait de cette manière qu'il restait à ce malheureux des ressources plus hautes que les ressources humaines, et qu'en prononçant dans sa justice elle en appelait en sa faveur à Celui qui juge les justices mêmes, et dont le Fils, mis en croix, pardonna au larron pénitent. Admirable coutume, qui n'aurait jamais dû disparaître parmi les hommes pour ce qu'elle renfermait d'enseignements touchants et consolateurs ! Quand la Sainte entendait le son fatal, elle frémissait en elle-même : son âme, douloureusement déchirée, ne pouvait contenir ses poignantes émotions. Zite voyait là un homme, couvert de crimes, passant du tribunal humain au tribunal éternel, sans repentir, sans réconciliation, sans espérance ! Inondée de pleurs, elle suppliait Dieu en sa faveur par les plaies de

Jésus-Christ. Ses jeûnes, ses châtiments corpo-
rels, ses mortifications de toute nature, ses
bonnes œuvres, tout appartenait au malheureux
supplicié. Cet homme n'était plus un criminel
pour Zite; c'était un frère coupable, pouvant
offrir sa mort pour ses crimes et racheter son
âme par les mérites du Sauveur.

Nous n'avons pas parlé jusqu'ici de l'obéissance de Zite et de sa soumission extrême, parce
que cette vertu ressort de toutes les actions de
sa vie.

L'obéissance ne coûte rien à ceux qui sont
doux et humbles de cœur. Docile aux avis de
son père spirituel, Zite n'avançait tant dans la
voie de la perfection que parce qu'elle ne recher-
chait en rien ni sa propre satisfaction, ni sa
volonté. Elle était trop pénétrée de l'idée de son
néant, de son impuissance personnelle, pour
vouloir se diriger par ses seules lumières. Elle
savait que dans la pratique de la piété l'on a
besoin d'être conduit par le guide sûr qu'il faut
choisir entre mille ; car si l'esprit est prompt, la
chair est faible, et l'imagination s'empare de
nous et nous égare. Notre servante ne faisait
donc par caprice ni pèlerinages, ni mortifications. Elle savait que nos actions puisent un
mérite infini dans l'obéissance. Celui qui vint
pour servir et non pour être servi fut obéissant,
et accomplissait continuellement la volonté de

son Père céleste ; ainsi notre Sainte était soumise à la volonté de ceux qui tenaient sa place auprès d'elle, non par faiblesse ou par crainte, mais par cette généreuse et droite volonté qui part du cœur.

Dieu est prodigue de bienfaits envers ceux qui se donnent à lui. Il faisait un temps d'orage, et la pluie tombait par torrents, certain jour, quand les jeunes maîtres de Zite, plus légers que sages, voulant montrer à une dame qui se trouvait au logis jusqu'où allait la promptitude de son obéissance, lui donnèrent un ordre qui l'obligeait de traverser à l'instant une partie de la ville. — Zite part sans hésiter et revient quelque temps après ; l'averse tombait encore. Quel ne fut pas l'étonnement ! la Sainte n'était point mouillée. La pluie avait formé comme un berceau au-dessus d'elle. Dieu avait permis ce miracle pour nous montrer combien la vertu d'obéissance est précieuse devant lui.

CHAPITRE IX

**De l'amour de sainte Zite pour les pauvres,
et des miracles qui récompensèrent sa charité.**

———

Zite aimait les pauvres ; elle avait entendu ces paroles du Sauveur : « Venez à moi, les bénis de mon Père ; possédez le royaume que je vous ai préparé de toute éternité. Car j'ai eu faim et vous m'avez donné à manger ! j'ai eu soif et vous m'avez donné à boire ! Je vous le dis, en vérité, toutes les fois que vous avez donné à ces pauvres, à ces petits, c'est à moi que vous l'avez donné. » Dès ce moment, Zite aima Jésus-Christ dans les pauvres. Quand elle n'avait rien à sa disposition, elle les encourageait par de bonnes et douces paroles, pansait leurs plaies, compatissait à leurs douleurs. Elle aimait les pauvres de cet amour essentiel qui gémit de leurs misères morales autant que de leur pauvreté ; aussi accompagnait-elle ses aumônes de conseils utiles, d'exhortations touchantes. La lèpre spirituelle des misérables la remplissait de compassion : elle gémissait de voir qu'ils ne tirassent aucun parti pour le Ciel de leur dénûment et de leurs maux. « Ne perdez pas le mérite de vos souffrances par vos murmures ; soyez courageux,

ò mes bons frères! Quelques jours de patience,
et vous vous réjouirez dans le sein de Dieu!
Pensez donc à votre Sauveur : il vécut pauvre,
Jésus-Christ ne savait où reposer sa tête;
Jésus-Christ était rebuté par les hommes, vous
savez combien il aimait les pauvres : rendez-vous
dignes de son amour! » C'est ainsi que notre
Sainte les encourageait, les exhortant à la patience; sa vue seule les consolait, car ses vêtements, toujours les mêmes, soit en été, soit en
hiver, témoignaient de son abnégation personnelle et de son dénûment absolu. Zite n'avait
rien en propre, elle abandonnait tout aux malheureux. Ce qu'elle pouvait gagner, les gratifi-
cations qu'elle recevait, tout allait aux pauvres.
Ne possédant rien, elle donnait toujours. Dieu
semblait prendre plaisir à multiplier ses dons
entre ses mains. Zite se trouvait-elle sans ressources, on la voyait employer mille inventions
charitables pour soulager les malheureux; elle
sollicitait son maître, sa maîtresse, jusqu'aux
amis de la maison : elle avait toujours des motifs
touchants à donner à l'appui de ses demandes;
et la charité qui l'animait était si vive que personne ne pouvait lui refuser. Elle secourait
donc abondamment les pauvres, et Dieu autorisait par des miracles les actes extraordinaires
qu'il lui inspirait.

Il y eut dans ce temps-là une grande famine.

Le nombre des misérables s'accrut considérablement, on ne savait plus quels moyens prendre pour les secourir. On les voyait par troupes dans les rues et sur les places publiques, pâles, maigres, implorant la pitié de tous. Un grand nombre d'entre eux mouraient de langueur et de désespoir. Zite ne tenait pas à ce spectacle : il semblait qu'un glaive de douleur lui traversât l'âme, tant elle souffrait dans chacun de ces malheureux ! Elle avait épuisé ses ressources personnelles et mis à profit tout ce dont elle pouvait disposer, quand une femme et ses nombreux petits enfants, l'entourant comme leur refuge et leur mère, lui demandèrent du pain. Zite possédait la confiance de ses maîtres ; ils approuvaient toutes les charités qu'elle faisait, car ils voyaient que la bénédiction du ciel était avec la sainte fille dans leur maison : elle n'hésite donc pas. La très bénigne servante de Dieu, pour nous servir de l'expression de son biographe, peu soucieuse des biens de ce monde, et plus touchée du sort des malheureux qui l'imploraient, ouvrit des coffres où était une abondante provision de fèves et leur en donna. La foule accourut chez Fatinelli, et la Sainte, pensant que dans une telle calamité il n'était pas possible de laisser périr d'inanition tant de créatures de Dieu, distribua toujours les fèves et jusque là où elle put atteindre avec les bras et les mains.

Les malheureux qui mouraient sans ce secours la couvrirent de bénédictions. Cependant elle vint à penser tout à coup qu'elle avait agi à l'insu de son maître et se troubla. « J'ai commis une faute, se disait-elle, je devais parler avant d'agir. Que de reproches on va me faire ! Je les mérite, ô mon Dieu ! mais vous savez si je n'aime pas mieux subir ces reproches et les châtiments même, que d'entendre les cris et les gémissements douloureux de ces pauvres affamés. » Sur ces entrefaites, Fatinelli avait précisément vendu les fèves et touché leur prix. Il appela donc Zite et lui ordonna d'ouvrir le grenier et de les mesurer. La Sainte frémit à cet ordre, et toutefois, pleine de confiance en Dieu, elle le supplia de ne pas l'abandonner et d'adoucir l'esprit de son maître, de manière à ce qu'il ne fût pas trop sensible à la perte de son grain. Fatinelli, s'avançant le premier, fut aux coffres, et commença à mesurer les fèves : les coffres étaient aussi pleins qu'avant la distribution. Zite, pendant ce temps, se tenait auprès de sa maîtresse comme en un lieu de refuge, et s'étonnait du silence de Fatinelli : quelle ne fut donc pas sa surprise en s'approchant !... Saisie de reconnaissance, elle glorifia Dieu. Zite, à l'exemple du divin Maître, n'avait pas cru pouvoir écarter ce peuple affamé qui venait à elle et qui la suppliait au nom du Seigneur.

L'hiver était singulièrement rigoureux au temps de Noël ; les montagnes qui avoisinent Lucques étaient couvertes de neige ; chacun se tenait bien abrité sous ces vastes cheminées dont l'usage n'existe plus de nos jours. Fatinelli était là avec toute sa famille, quand il aperçut notre Sainte ; aussi légèrement vêtue qu'à l'ordinaire, elle s'acheminait vers l'église et devait y passer la nuit de la naissance du Sauveur. « Comment oses-tu sortir si peu couverte quand il fait froid même auprès du feu ? lui cria-t-il : voici ma pelisse doublée, prends-la du moins, ma bonne Zite, elle te garantira, et tu n'en vaqueras pas moins bien à tes exercices de dévotion. Mais ne va pas perdre ce manteau, rapporte-le avec soin. » Il ne lui faisait pas cette recommandation sans sujet, sachant qu'elle se dépouillait journellement de tout pour les malheureux. Zite se promit d'obéir, et partit en remerciant Dieu de ce qu'il inspirait tant de bonté pour elle à son maître. Elle entre à Saint-Frédian par la porte à laquelle le souvenir du fait que nous allons rapporter a attaché le nom de Porte-de-l'Ange ; là gisait un pauvre qui se plaignait douloureusement et dont les dents claquaient de froid. « Qu'avez-vous, mon bon frère ? » lui demanda la Sainte. Le vieillard ne répond rien ; mais son regard et son geste indiquent le manteau. Zite n'avait besoin, pour comprendre ce muet langage, que de voir sa presque complète nudité. « Je serai à l'église tout le temps des offices, reprit-elle, mettez donc ce manteau sur vos épaules, je le reprendrai en sortant. » L'humble fille était heureuse de souffrir quelque chose pour son Dieu en cette nuit où le Verbe fait chair naquit dans l'étable de Bethléem et eut une crèche pour berceau ! Elle se recueillit donc en présence du divin enfant, et son âme, loin de son corps, fut bientôt dans les ravissements de ces heureux bergers qui furent appelés les premiers à former la cour du Sauveur. Son extase se prolongea jusqu'au moment où les premiers rayons du jour l'appelèrent à ses devoirs habituels : elle sortit en cherchant des yeux le pauvre auquel elle avait prêté le manteau, il avait disparu. Zite craignit alors d'avoir commis une imprudence, et se reprocha de n'avoir pas suivi exactement les ordres de Fatinelli ; mais comme elle ne voulait pas soupçonner le pauvre d'une méchante action, elle crut qu'étant restée longtemps à l'église, elle avait lassé la patience du bon vieillard. « Cet homme avait une figure honnête, se disait-elle, il n'aura pas osé, le jour venu, rester là dans l'état de nudité où il était ; mais Dieu me garde de le juger défavorablement ! je ne doute pas qu'il ne rapporte le manteau. » Ainsi pensait la pieuse fille, retournant toute triste, mais pleine de confiance, au logis.

Elle n'y fut pas bien reçue ; Fatinelli la tança
vivement : il lui dit avec raison qu'on ne saurait
être agréable à Dieu en faisant l'aumône du bien
d'autrui, et qu'en agissant de cette manière on
manquait essentiellement à son devoir. Zite
reçut avec humilité ces réprimandes, s'accusa
de sa faute, tout en priant avec ferveur celui qui
ne l'abandonna jamais, et à l'impression duquel
elle avait obéi en donnant la pelisse, de calmer
l'irritation de Fatinelli. La colère et les reproches de ce dernier se prolongèrent jusqu'à
l'heure du repas ; à ce moment, quelqu'un heurta
à la porte de la salle ; c'était le pauvre qui, à la
stupéfaction de Fatinelli et à la joie de la bonne
servante, rapportait le manteau : une lumière
brilla tout à coup quand il sortit ; chacun
éprouva en même temps une consolation extraordinaire, en sorte qu'il parut qu'un ange ou le
Seigneur lui-même avait pris la forme de ce
pauvre pour glorifier la charité de notre Sainte
et la justifier [1].

---

[1] En 1495 on peignit l'image de la sainte Vierge, d'un
ange et de sainte Zite sur la porte latérale de l'église de
Saint-Frédian, en mémoire de ce miracle.

CHAPITRE X

Divers pèlerinages de sainte Zite, et comme quoi la très pure Vierge Marie lui fit compagnie pendant le chemin.

Nous avons besoin de suspendre un moment l'histoire de notre Sainte pour contempler les merveilles de la grâce de Dieu dans son âme. Voici qu'une simple fille de la campagne, sans instruction humaine, donne, au milieu des soins d'une condition obscure, des leçons à ceux qui sont éclairés selon le monde, mais qui ne le sont pas comme elle par les lumières mêmes de Jésus-Christ. Sa vie est ordinaire; elle est toute remplie par ses devoirs; Zite ne cherche ni l'éclat ni le bruit, mais au contraire la retraite, le silence, afin de pouvoir vivre sous l'œil de l'époux céleste dont elle accomplit la volonté. Ses travaux journaliers remplissent sans doute ses instants; mais ils ne la détournent pas de la contemplation affectueuse dans laquelle elle vit en présence de Dieu, parce que la partie supérieure de son âme est sans cesse tournée vers lui, comme vers le soleil de justice dont les rayons enflamment l'amour. — Toujours prête à remplir les offices les plus humbles, à se soumettre aux ordres les plus rudes, les plus con-

tradictoires, on n'entend s'échapper de sa bouche
ni plaintes ni murmures ! Elle ne sait qu'une
chose, à l'exemple du divin Maître, obéir, se
soumettre, parce qu'elle voit en cela surtout
l'accomplissement du bon plaisir de son Dieu.
Heureuse, mille fois heureuse notre sainte servante, plus servante de Dieu que des hommes !
plus grande par l'acceptation joyeuse de l'abais-
sement dans lequel elle vit à leurs yeux, que
tant de savants et d'esprits profonds qui n'ont
pas compris comme Zite la véritable dignité de
la vie, laquelle consiste à accomplir avec amour
la tâche que Dieu nous a donnée dans sa bonté.

Que sont les grandeurs passagères du temps
en regard de l'éternité qui nous appelle ? qu'est
l'homme en face de Dieu ? Est-ce à la règle
divine ou à celle de l'orgueil qu'il convient de
mesurer toute chose ? Le monde lui-même nous
répond, puisque les noms des concitoyens de
notre Sainte, quelque riches ou puissants qu'ils
furent, sont tombés dans l'oubli, tandis que le
sien a grandi dans la vénération des peuples, et
que l'Eglise l'a marqué au cachet infaillible
qu'elle tient du ciel. Donc, prenons une idée
plus juste de ce qui est grandeur véritable en
cette vie, où rien n'a d'éclat que par sa con-
formité aux desseins de Dieu ! Sommes-nous
puissants, restons puissants, mais pour faire
fleurir la miséricorde et la justice, et non pour

assouvir nos passions coupables ! Sommes-nous
pauvres, rappelons-nous le Dieu pauvre, qui
promet les richesses éternelles de son royaume
à ceux qui imiteront sa vie souffrante et auront
méprisé les trésors que rongent les vers et que
déterrent les voleurs. Cette pensée fut celle des
saints que la grâce développa sur tous les points
de l'horizon de la vie. Dieu permit qu'ils y ré-
pandissent les mêmes suaves parfums de détachement et d'amour, afin que nous en fussions
réjouis et consolés. Quelle que soit donc notre
situation humble ou brillante en ce monde,
leurs exemples nous invitent et nous fortifient ;
marchons vers Dieu, vers notre but éternel ! Ne
voyons-nous pas, du reste, qu'une loi formidable
de mécontentement domine les hommes ? que
tous, faibles ou puissants, riches ou pauvres,
éclatent en murmures ? Où sont les hommes
satisfaits de leur position sur la terre ? Ceux
qu'on qualifie d'heureux le sont-ils dans leur
cœur ? Combien de dégoûts, combien d'inquiétudes les dévorent au milieu des étourdisse-
ments passagers que leur procurent la fortune
et les plaisirs ! L'homme n'a point de lieu stable
ici-bas, c'est la cause du malaise dans lequel il
se retourne sans cesse. Il désire, il désire encore,
il désire toujours, parce qu'il cherche la satisfaction de son désir infini en dehors de Dieu qui
en est la plénitude et la fin ! Donc, quelle que

soit notre position, il faut l'accepter comme
notre Sainte, avec amour et courage, parce que
cette position nous est donnée par Celui que
nous voulons servir, et qui nous en récom-
pensera éternellement. Ainsi faisaient les saints,
qui vivent aujourd'hui de la gloire de Dieu
même, et qui, dans le mépris des consolations
passagères du temps, trouvèrent une joie et des
consolations immortelles. On les vit calmes dès
ce monde, et en possession d'une paix que la
chair et le sang ne comprennent pas, mais que
le Sauveur a promise à tous ceux qui lui seront
fidèles. L'indifférence des saints pour les choses
que prisent les hommes charnels est le secret
de leur bonheur et de la placidité que nous
admirons en eux. Ils ne veulent ni honneurs, ni
richesses, ni plaisirs : comment ne jouiraient-ils
pas d'un grand repos ? Le regard fixé sur les
montagnes éternelles d'où vient le salut, comment seraient-ils séduits par les fumées épaisses
qui obscurcissent les régions basses de la terre ?
Nous sommes les enfants des saints, héritiers
des mêmes promesses ; dégageons-nous donc,
comme eux, des désirs grossiers et des inquiétudes qui fatiguent les hommes, acceptons les
épreuves du temps, mais vivons d'avance dans le
ciel, autant que le permet la faiblesse humaine ;
et, en admirant le poids de gloire d'une pauvre
servante, humble, bénie de Dieu, conversant

avec les anges, grande par la puissance de sa foi, adorons les bontés ineffables et les miséricordieuses tendresses de notre Dieu.

Zite, selon la coutume du temps, profitait de la liberté que ses maîtres lui laissaient pour faire de fréquents pèlerinages ; ils donnèrent lieu aux faits que nous allons rapporter.

La Sainte partit un matin avec une de ses compagnes pour Saint-Jacques-in-Poggio, église voisine de Pise. Elle devait aller, de là, cinq milles plus loin, jusqu'à Saint-Pierre-a-Grado en tirant de Pise vers la mer. Arrivées à Saint-Jacques, toutes deux étaient à jeun ; sa compagne l'abandonna pour retourner à Lucques ; mais Zite, ferme dans sa résolution, n'en continua pas moins son chemin : elle arrive à Saint-Pierre, fait ses dévotions et se livre à la méditation avec sa ferveur habituelle ; ensuite elle reprend sa route et repasse par Pise, assez tard dans l'après-midi, quand le soleil descendait déjà vers l'horizon. Au bas d'une montagne, un homme qu'elle connaissait la supplie d'accepter l'hospitalité et de ne pas s'aventurer plus loin de nuit ; elle ne voulut pas, et, pleine de courage, elle commença à gravir le mont Saint-Julien dont les chemins présentent beaucoup de difficultés. Un ermite habitait là ; il la conjura, quand il la vit, de se reposer, dans la crainte que quelque malfaiteur ou des bêtes féroces ne l'attaquassent à cette heure de la nuit. Mais l'esprit l'emportait trop chez elle sur les appréhensions de la chair pour qu'elle craignît aucun danger. Elle passa outre, ainsi que devant le château fort de Massa, où des soldats, surpris de voir l'intrépidité de cette faible femme, l'invitaient également à se reposer. Cependant, à quelque distance de là, le jeûne et la route l'épuisant, la Sainte sentit faiblir ses forces, et s'assit au bord d'une fontaine, mourante de besoin et de chaleur. C'était vers l'heure du chant du coq ; cependant, dit l'auteur contemporain, son esprit dominait son corps. Notre Sainte puisait donc un peu d'eau dans le creux de sa main et la portait à ses lèvres, quand elle sentit une main se poser sur son épaule, tandis que la voix d'une femme lui disait : « Voulez-vous venir à Lucques avec moi ? » Zite, loin d'être troublée à ces paroles inattendues, se sentit tout à coup fortifiée comme par un attouchement divin. Sa soif, sa faim, sa lassitude, son accablement, tout sembla s'évanouir. Il y avait un réconfort salutaire dans la douce voix qui lui adressait ces paroles, et elle répondit : « Volontiers, allons ensemble ! » puis, se relevant, elle reprit joyeusement son chemin. Pontetetto, fort construit sur l'Ozorio pour arrêter les courses des Pisans, était leur seul passage ; les portes s'en trouvaient fermées et verrouillées à cette heure de nuit ; mais, à l'approche des deux femmes, elles s'ouvrirent d'elles-mêmes, et nos voyageuses passèrent sans obstacle, ainsi qu'à la porte Saint-Pierre qui s'ouvrit également devant elles, et se referma miraculeusement. Zite traversa la ville et arriva enfin à la maison de son maître ; elle appela une servante qui murmura fort contre elle de ce qu'elle la réveillait. Alors Zite tendit la main à la voyageuse inconnue, en la priant de venir prendre un peu de repos : elle avait disparu ; et une pieuse croyance se répandit que cette compagne, dont les paroles la soutinrent pendant la route, n'était autre que la Vierge Marie, qui donnait ainsi à notre pieuse servante une preuve de sa tendresse et de sa divine protection.

Par une belle soirée de juillet 1841, deux personnes, un religieux et un étranger, parcouraient cette même route, suivie, il y a près de six cents ans, par la Sainte dont nous écrivons l'histoire : elles admiraient cette double chaîne de montagnes venant du Sud et du Nord, dont les cimes boisées et les flancs couverts de villas étincelaient aux derniers rayons du soleil, et qui fermaient étroitement l'horizon vers Pise.

> . . . . al monte
> Per che i Pisan veder Lucca non ponno.
>
> (DANTE, *Inferno*, xx.)

Les voyageurs avaient déjà parcouru quelques milles depuis la porte Saint-Pierre entre des prairies ombreuses, bordées par des guirlandes de vignes, franchi Pontetetto, passage libre désormais, et laissé à leur droite une église d'une construction peu antérieure au temps de notre Sainte. Non loin de là, et au moment où ils allaient arriver au pied du mont Saint-Julien, ils aperçurent une chapelle dont le fronton demi-couvert de mousse et de lierre laissait lire ces mots : SANCTA ZITA, ORA PRO NOBIS ! Ils s'arrêtèrent alors, s'agenouillèrent, et comprirent que là avait eu lieu une de ces scènes merveilleuses qui consolaient la foi de nos pères. Une villageoise revenait des champs, elle écarta quelques branches épineuses qui cachaient l'ouverture d'une fontaine. « Voici la fontaine de sainte Zite, leur dit-elle ; cette eau est salutaire pour les malades, elle les guérit, parce que sainte Zite, revenant d'un pèlerinage, en but une fois ; là elle vit Notre-Dame et l'eut pour compagne dans son voyage ; c'était une bien grande sainte ! Elle protège nos villages ; aussi venons-nous à sa messe qui se dit ici toutes les semaines. » Après ce peu de mots, la jeune fille, heureuse d'avoir parlé à des étrangers de la Sainte aimée de ses montagnes, reprit sa course vers le mont de la Penna, où sa voix fit entendre un chant qui était sans doute l'un de ceux où l'on célèbre la gloire bénie et populaire de la Vierge de Mont-Sagrati.

Nous ne changerons rien à la naïveté du récit

de l'auteur contemporain dans les deux faits suivants : ils en plairont davantage au lecteur.

La sainte servante de Dieu, Zite, avait la dévotion d'aller tous les vendredis en pèlerinage à Sant' Angelo-in-Monte, donte l'église est à six milles de Lucques, près du cours du Serchius. Aucun temps ne l'arrêtait quand il s'agissait de satisfaire sa dévotion, en sorte qu'il arriva un jour qu'ayant été retenue à l'ouvrage plus longtemps qu'à l'ordinaire, elle partit tard de la maison et fut surprise par la nuit à un mille de Lucques seulement. Un cavalier passait en ce moment, se rendant au même lieu pour quelque affaire ; il allait rapidement, et quand il aperçut Zite, il lui dit : « Vous êtes plus qu'imprudente de vous trouver par l'obscurité dans de tels chemins ; ne voyez-vous pas que vous êtes exposée à tomber dans quelque précipice ! » Zite lui répondit avec simplicité : « Continuez tranquillement votre voyage ; j'espère, avec la grâce de Jésus-Christ, achever paisiblement le mien. » Le cavalier la laissa donc, pressa son cheval, et la vit bientôt loin derrière lui ; mais quand il passa devant l'église de Sant'Angelo, il ne fut pas médiocrement surpris d'apercevoir notre Sainte à genoux et en oraison à la porte de l'église. Il pensa en lui-même qu'il était humainement impossible qu'elle fût arrivée en cet endroit avant lui, qui allait au grand train de son cheval, tandis qu'il l'avait

vue marchant d'un pas lent et fatigué. Il ne douta
donc pas que Dieu, en récompense de sa confiante
réponse, ne l'eût fait transporter là par ses anges,
et il lui dit avec respect : « O sainte femme !
comment se fait-il que vous soyez arrivée ici
avant moi ? » Zite lui répondit par cette seule
parole de Job : « Ainsi qu'il a plu à Dieu, il a
été fait. »

On célébrait la fête de sainte Marie-Madeleine
dans une église de la Cerbaye, église située en
un lieu solitaire, à dix milles de Lucques et dans
l'état de Pise. La guerre existait alors entre ces
républiques, et personne n'osait se rendre là,
par crainte des maraudeurs qui pillaient et mal-
traitaient les pèlerins. Mais Zite, pleine de dévotion envers la Sainte, intrépide et courageuse
par sa ferveur, partit de Lucques assez tard, la
vigile de la fête, portant un cierge qu'elle voulait
faire brûler en son honneur. Elle arriva à l'église
à l'entrée de la nuit et la trouva déjà close, l'état
de guerre rendant chacun prudent. La Sainte se
mit cependant en prière au seuil du temple ; et,
moitié de lassitude, moitié de la fatigue même
de sa méditation, elle s'endormit. Il survint alors
un terrible orage ; le vent et le fracas du ton-
nerre se mêlaient à la pluie qui tombait par
torrents ; la terre fut couverte d'eau en un instant. Cependant Zite continuait à dormir, et la
tempête ne troublait pas son sommeil. L'aube

du jour la réveilla enfin ; elle fut grandement
surprise de ne pas être mouillée, et de voir que
le cierge qu'elle n'avait point allumé brûlait
merveilleusement. Les portes de l'église, encore
fermées, s'ouvrirent devant elle, en sorte que
Zite entra avec son cierge à la main et se mit
en oraison. Le prêtre vint, ainsi que plusieurs
autres habitants, au lever du soleil, trouva
l'église ouverte et une femme en prière. Il comprit à l'instant même quel était le mérite de la
pèlerine agenouillée ; il ne douta pas qu'il n'y
eût là un miracle, et le bruit s'en répandit dans
tous les pays d'alentour.

Les pèlerinages étaient l'une des dévotions les
plus ordinaires de ces temps : l'Eglise y avait
attaché de nombreuses indulgences : leur usage
remonte au dixième siècle, époque de l'erreur
des Millénaires, qui, abusant d'une parole de
l'Ecriture, annoncèrent que le monde ne devait
pas subsister plus de mille ans après la venue
du Sauveur. L'Occident alors sembla se préci-
piter vers l'Orient : les populations coururent
aux saints lieux de Jérusalem pour pleurer leurs
fautes là où le Christ avait expié pour tous. Ce
mouvement de la chrétienté fut la cause des
croisades : les pèlerins revenus dans leur patrie
racontaient l'état déplorable où se trouvaient
les saints lieux détenus par les sectateurs du
Coran, les avanies qu'ils avaient souffertes ; ils

parlaient avec chaleur des émotions éprouvées,
des grâces reçues ! Ces récits réveillaient la foi,
rallumaient le zèle, et la voix du picard Pierre
l'Ermite souleva l'Occident. Ceux qui ne pouvaient aller aux saints lieux s'efforçaient de
suppléer à ce voyage en visitant les lieux illus-
trés par les corps des saints et des martyrs.
Toutes les parties du monde possédaient quelques-uns de ces sanctuaires, et Dieu se plut à y
récompenser la foi des fidèles par des grâces et
des miracles. Rome fut naturellement le premier
de ces sanctuaires, parmi lesquels figuraient
Notre-Dame de Liesse, Saint-Jacques de Com-
postelle et le Volto-Santo de Lucques. On y
voyait venir une foule de chrétiens. Des lois
particulières les y protégeaient. Rome a encore
ses hospices de pèlerins qui se remplissent au
temps des bonnes fêtes : ces pieux visiteurs sont
hébergés et nourris gratuitement ; là se passent
encore des scènes antiques. Nous avons vu ce
que la Ville Éternelle compte de plus illustre
par le rang et par la fortune se transformer en
infirmiers et en hôtes des pèlerins. Des hommes
qui portèrent le sceptre, et dont les orages brisè-
rent le trône, leur rendaient les mêmes offices
que le Sauveur à ses apôtres la veille du jour
où commencèrent ses grandes humiliations. Les
pieds flétris par les années et par la poudre des
chemins trouvaient douce la main charitable de

ces frères, les premiers entre les hommes, et acquérant ainsi des titres pour le royaume du Christ. Les dames romaines ne le cèdent point en zèle auprès des pauvres pèlerines ; la richesse et la misère se rapprochent alors et se réchauffent au foyer de la même foi. Au surplus, l'usage des pèlerinages se perd dans la nuit des temps : ils sont chez les Hébreux, chez les Egyptiens, chez les idolâtres, parce qu'ils sont une des manifestations de notre existence mystérieuse sur la terre, que l'homme traverse, citoyen de l'Eternité, passager ici-bas.

CHAPITRE XI

**Perfection de sainte Zite. — Miracle.
Son heureuse mort.**

Notre sainte servante avançait en âge, et ses vertus devaient être bientôt couronnées par celui-là même qui les avait développées dans son cœur. Tout grandissait en elle, la douceur, la charité, la ferveur, et arrivait peu à peu à ce degré de perfection que Dieu se plaît à faire atteindre par un petit nombre d'âmes choisies, afin de vérifier la parole du Sauveur : — Soyez parfaits comme

votre Père céleste est parfait ! — Zite consacrait
à Dieu le temps qu'elle n'employait point à ses
devoirs domestiques ; car, malgré l'invitation de
ses maîtres qui voulaient la décharger de tous
soins, et qui la traitaient moins comme leur
servante que comme une amie, la Sainte ne pouvait se séparer d'occupations qui lui restaient
chères, parce que c'était au milieu d'elles que
Dieu l'avait visitée, fortifiée, consolée tant de
fois. Rien d'extraordinaire ne se mêlait donc aux
anciennes habitudes de sa vie. Ses prières mon-
taient toujours plus pures, toujours plus ardentes,
et sa foi sans bornes ne craignait pas de solliciter
Dieu toutes les fois que la charité lui en faisait
le besoin. Elle vaquait à sa besogne ordinaire,
un certain jour, quand un pèlerin, épuisé de
lassitude et baigné de sueur, l'aborda, implorant
en grâce un peu de vin. Zite n'en avait point à
sa disposition ce jour-là, soit que les provisions
fussent épuisées, soit que Dieu l'eût permis
ainsi pour éprouver la sainte servante, tellement
qu'elle ne savait ni comment secourir le bon
vieillard, ni comment lui refuser ce qu'il sollicitait
si ardemment. Dans ce même moment, Zite tirait
de l'eau du puits ; elle n'hésite pas, mais, intrépide dans sa foi, elle lève les yeux au ciel, bénit
l'eau, demande à Dieu qu'il la fasse salutaire, et
la présente au pèlerin ; celui-ci en approche avec
hésitation ses lèvres brûlantes, puis boit longue-

ment et joyeusement : jamais vin plus généreux ne lui avait fait fête de sa vie ! — Il ne savait ensuite comment témoigner son admiration et sa reconnaissance envers celle dont l'humilité en reportait la gloire au Seigneur qui ne résiste pas à la toute-puissance de la foi. Nous fûmes vivement émus quand, dans la ville des bienheureux Pierre et Paul, nous vîmes la chapelle que la piété d'un descendant de Fatinelli éleva en l'honneur de sainte Zite : parce que, au milieu des marbres, de l'or et des pierreries, le tableau de l'autel nous a montré l'humble servante de Lucques au moment de ce miracle et dans son costume de travail. Cette fidélité à rappeler sa condition obscure parmi tant de richesses, nous a semblé une de ces pensées que la foi seule inspire. Les grands et les petits peuvent s'y instruire et s'y consoler. Ils voient tous là que la mort fait la part des hommes. Combien, dans des situations abjectes aux yeux du monde, ont cet éclat intérieur qui brille aux regards de celui qui a dit : — Je suis un Dieu jaloux ! — mais après l'épreuve terrestre, Dieu prend soin de leur gloire, il la manifeste, et son Eglise les proclame saints, devançant ainsi, pour la consolation des peuples et l'encouragement des fidèles, le jour de la dernière et solennelle manifestation.

Zite ne se relâchait d'aucune de ses **pratiques**

pieuses ni de ses anciennes rigueurs. Elle se mortifiait sans avoir égard à son âge ou à sa faiblesse. Sa charité, toujours plus brûlante, ne s'arrêtait pas seulement aux pauvres, elle s'étendait jusqu'à ces misérables créatures dont les désordres sont souvent la suite de la grossièreté, de la misère ou d'un premier entraînement. Zite en recueillait quelquefois dans sa chambre, les nourrissait, les exhortait, les faisait reposer la nuit dans son lit, tandis qu'elle couchait sur la terre nue ou sur une planche. Lui en parlait-on avec une répugnance naturelle, car sa charité scandalisait, pour ainsi dire : « Que voulez-vous ! répondait-elle, les mauvais exemples les ont entraînées ; elles sont bien à plaindre, étant si coupables ! mais la grâce peut les toucher d'un moment à l'autre, et pendant qu'elles sont avec moi, du moins elles n'offensent pas Dieu. »

Zite ne pouvait plus tenir sur la terre, sa conversation était dans le ciel. Parler de Jésus-Christ, se nourrir de Jésus-Christ, aspirer après sa réunion avec Jésus-Christ, tel était l'état de son âme tout attirée à l'odeur des parfums célestes de l'Époux éternel. Comme saint Paul, Zite demandait la dissolution de la prison de son corps. Ses extases, ses révélations, ses ravissements devenaient continuels, et lorsque tout à coup elle se mit au lit avec une petite fièvre, contre sa coutume en pareil cas, on ne

douta pas que Dieu ne lui eût révélé le moment
de sa dernière heure. En effet, la fièvre augmenta
considérablement, et la Sainte souffrit beaucoup
les cinq jours qui précédèrent sa mort. — Cependant rien ne marquait en elle l'horreur des souffrances, sa figure calme et joyeuse exprimait le
contentement intérieur d'une âme qui jouit de
Dieu. On voyait qu'elle se séparait paisiblement
du monde et se préparait doucement aux joies
de l'éternelle félicité. Elle était entourée d'un
grand nombre de femmes qui l'aimaient et qui
pleuraient en elle une mère : ce fut alors qu'elle
reçut avec une tendresse inexprimable les derniers Sacrements. Jésus-Christ, qui venait reposer
sur ses lèvres, possédait depuis longtemps la
plénitude de son cœur ; mais on voyait qu'il lui
apportait ainsi un nouveau réconfort, et cette
parfaite confiance qui devance le jour de la joie
et nourrit l'âme des miséricordes espérées. Enfin,
les mains jointes et comme en oraison, elle rendit
son âme bénie entre les mains de son Créateur ;
il y eut ce jour-là un hosanna de plus au sein
des sphères éternelles, parmi les bienheureux
qui entourent le trône de Dieu. Notre pieuse
servante atteignait la soixantième année de son
âge. Sa mort arriva le mercredi 27 avril 1278,
sous le pontificat de Nicolas III ; Paganello,
évêque, gouvernait l'Eglise de Lucques. Ce fut à
lui que Dieu commit le soin de reconnaître

l'authenticité des miracles qu'il s'était plu à faire par sa servante.

Deux faits mémorables eurent lieu dès l'instant de la mort de Zite : tous les habitants de Lucques en furent témoins.

Une nouvelle étoile apparut au-dessus de la ville, elle jetait un tel éclat qu'il n'était pas effacé par les rayons du soleil. Les Lucquois en augurèrent que l'âme de Zite avait brillé en face du Soleil de justice au moment même où elle avait été séparée de son corps.

Le bruit de sa mort n'était pas encore répandu, qu'on entendit les enfants crier dans les rues et dans les places publiques : « Allons voir la Sainte morte dans la maison de Fatinelli ! allons à Saint-Frédian voir sainte Zite [1] ! »

CHAPITRE XII

Des funérailles de sainte Zite.

L'âme de Zite avait abandonné son corps ; mais la vertu de Dieu l'habitait : elle éclatait par

---

[1] C'est de la bouche des enfants et de ceux qui sont encore à la mamelle que vous avez reçu la louange la plus pure.

(Evangile.)

de nombreuses grâces accordées aux pauvres,
aux infirmes qui accouraient pour la vénérer, et
contempler les restes mortels de celle qui les
avait tant aimés pendant sa vie. Le saint corps
était assiégé par une foule incessante, toute la
ville s'y portait, et l'on eut beaucoup de peine à
le conduire de la maison de Fatinelli à l'église
de Saint-Frédian. Les chanoines réguliers ne
savaient comment contenir la multitude ; la
dévotion devint si vive que chacun, jaloux de
toucher ou d'obtenir quelque chose qui eût ap-
partenu à la pieuse fille, que l'on regardait
comme une sainte, se jeta sur le corps et le
dépouilla d'une partie de ses vêtements. Zite
était déjà saluée protectrice et patronne de ses
concitoyens ! on ne put donc procéder à l'in-
humation, et on exposa la Sainte plusieurs jours
de suite à l'église, dans le cloître et jusque dans
le chapitre afin de satisfaire la dévotion générale.
Elle était vêtue de l'habit religieux ; cela se pratique encore aujourd'hui à l'égard des nouveaux
décédés. Ses mains jointes étaient découvertes,
ainsi que son visage et ses pieds. Le peuple
circulait jour et nuit dans l'église, dans les
vastes couloirs du couvent et jusque dans la
maison de Fatinelli : là on s'informait avec un
pieux empressement des lieux que Zite avait
habités. On s'entretenait de ses miracles et
des moindres circonstances de sa sainte vie.

Les larmes coulaient de tous les yeux dans cette petite chambre où elle avait vécu dans la prière, dans la méditation, dans des ravissements sublimes ! Le souvenir de ses vertus y répandait un céleste parfum. — On s'agenouillait dans la salle où le grain distribué aux pauvres s'était multiplié entre ses charitables mains, au pied de ce puits dont l'eau se changea en vin quand sa confiance miséricordieuse obtint du ciel un de ces miracles promis à ceux qui demandent avec un cœur parfait.

Nous avons visité ces lieux à jamais vénérés qu'usent encore les genoux des pèlerins aux jours où l'on célèbre sa mémoire. Jours de sainteté et de joie pendant lesquels la ville de Lucques brille comme un jardin couvert de mille fleurs ! Alors des troupes bruyantes de villageois descendent de leurs montagnes avec des bouquets à la main. Les fleurs rappellent un des chers miracles de notre Sainte. Elles sont bénites, touchent le tombeau, puis sont pieusement suspendues au retour sous l'image de la madone devant laquelle brûle dans chaque chaumière une lampe, image elle-même de la charité qui doit toujours brûler nos cœurs. Aussi, chaque soir, la famille, après la récitation de la couronne de Marie, invoque sainte Zite, l'humble fille de celle qui porta le Verbe et règne éternellement dans la gloire même de Dieu.

Pendant ce temps il s'élevait d'assez nombreuses contestations sur le mérite des miracles attribués à Zite. Plus la multitude la proclamait sainte et publiait les grâces qui s'opéraient en ces mêmes instants, et plus Giacomo, prieur de Saint-Frédian, mettait de circonspection pour les constater. Il devait avoir été l'un des témoins de la vie édifiante de la vertueuse fille ; mais cette vie n'avait pas été signalée par ces traits publics et extraordinaires qui frappent les yeux et n'ont pas d'explications possibles dans les lois de la nature ou de la raison. On lui attribuait plusieurs miracles ; mais la plupart avaient eu lieu dans l'intérieur de la maison de ses maîtres, et ceux en faveur desquels ils s'étaient faits étant des infirmes, des pauvres, des gens du menu peuple, pouvaient être crédules ou prévenus. Sa vie, tout embrasée qu'elle fût de l'amour divin, ne l'avait détournée d'aucune de ses occupations journalières : en sorte qu'il répugnait à plusieurs qu'elle se fût tellement sanctifiée au milieu des humbles devoirs d'une condition qui, selon eux, ne lui permettait pas une liberté d'esprit suffisante pour vaquer aux choses de Dieu. Ainsi jugeaient-ils ; mais celui qui se rit du jugement des hommes, qui renverse les puissants de leur siège et exalte les humbles, ménageait de nouvelles surprises à ceux qui doutaient de la sainteté de sa servante. Le prieur avait proposé ses doutes à une assemblée de religieux doctes et prudents ; ils résolurent qu'afin de donner satisfaction au peuple et de laisser à Dieu le soin de justifier sa confiance, le corps de Zite ne serait pas mis dans la sépulture commune, mais qu'il en recevrait une particulière. On le déposa donc dans un tombeau entièrement neuf.

Ce fut ainsi que les obsèques s'achevèrent au milieu d'un concours immense : et ceux qui avaient connu la sainte fille ne doutèrent pas un instant que Dieu ne fît éclater bientôt les preuves les plus manifestes de sa sainteté : ils ne se trompaient pas.

CHAPITRE XIII

Le corps de sainte Zite est exposé à la vénération publique. — Miracles.

Le corps de sainte Zite reposait dans le tombeau, le peuple y accourait avec dévotion. Une odeur suave s'en exhalait et causait une joie inexprimable à la foule qui voyait là un signe certain de la céleste vertu de l'âme qui l'avait animé. Quelques jours après, une liqueur s'échappa du saint corps, on la recueillit et on l'appliqua aux infirmes et aux malades qui se pressaient autour du cercueil ; ils s'en retournèrent guéris, le bonheur éclatait par transports, le signe de Dieu était sur l'humble fille. L'évêque de Lucques, Paganello, n'hésitant pas après ces nombreux témoignages, autorisa les chanoines réguliers à placer le tombeau sur un autel. Le prieur de Saint-Frédian, convaincu lui-même, fit construire en 1321 une chapelle, enrichie depuis par la famille des Fatinelli ; le corps de la Sainte y fut déposé solennellement. En 1581, on ouvrit ce tombeau par ordre de l'évêque de Lucques, Alexandre Guidiccioni : trois cents ans s'étaient écoulés, quel fut l'étonnement général ! on retrouva le corps entier et sans aucune altération. Zite semblait une personne doucement endormie, les mains jointes, et comme surprise par le sommeil en achevant sa prière. Alors la dévotion des Lucquois, qui n'avait pas cessé d'être grande envers la Sainte, ne connut plus de bornes.

Ils placèrent le corps dans une châsse de bois doré d'un travail remarquable : une glace permit qu'on le montrât aux fidèles qui accouraient de tous les pays voisins pour le contempler : les traits de la Sainte sont encore reconnaissables aujourd'hui. Nous n'avons pas besoin de dire que la vénération des peuples n'a pas cessé depuis six siècles de bénir dans ce corps, revêtu de sa chair flexible, de ses muscles, de ses veines, de ses nerfs, et ayant conservé une partie de son élasticité, Dieu toujours admirable dans ses saints. Nous avons été l'heureux témoin de la piété des Lucquois envers cette dépouille sacrée, et nous savons que des prières ferventes faites devant elle obtiennent encore des grâces nombreuses aux fidèles qui la visitent avec amour.

L'impatiente piété des peuples avait placé la sainte servante de Lucques sur les autels ; les miracles qui se succédèrent à son tombeau l'accrurent à un tel point qu'on fut irrésistiblement poussé à fixer le jour de sa fête. Zite reçut des honneurs publics le 27 avril 1282, quatre années à peine après sa mort. Le même évêque Paganello occupait le siège de Lucques, et le pape Nicolas III gouvernait l'Eglise.

La gloire de Zite ne tarda point à s'étendre. On commence dès l'année de sa mort à constater les faits merveilleux qui se passent à son tombeau. Les officiers publics, Ranieri, Fatinelli de Migliore, et Fino, notaires lucquois, reçoivent les déclarations, après serment sur les saints Evangiles, de ceux mêmes qui ont reçu des grâces ou qui furent témoins des miracles racontés. Ugolin de Parme [1], célèbre juriscon-

---

[1] Environ l'an 1300.

sulte, publie qu'à sa connaissance cinquante-
trois personnes de diverses nations reçurent des
grâces éclatantes. Ce sont des aveugles, des
muets, des sourds, des estropiés, des possédés
qui sont guéris. Le bruit se répand, et l'auteur
même du manuscrit de la Vie de notre Sainte,
déposé chez les Pères Camaldules, affirme l'avoir
vu et connu, qu'un enfant appartenant à des
parents dont la piété était singulièrement vive
pour sainte Zite étant venu à mourir, ressuscita
quand ils l'eurent invoquée. Les parents jurèrent
de la vérité du fait devant l'autel et sur les saints
Evangiles. Des étrangers viennent de pays loin-
tains vénérer son tombeau : Marie de Sens, fille
de Guillaume de Grieu, seigneur bourguignon,
est impotente, et elle a perdu la vue depuis dix
ans ; elle entreprend un pèlerinage en l'honneur
de celle dont on raconte tant de merveilles, arrive
à Lucques accompagnée d'une dame, vient prier
et méditer pendant dix jours consécutifs à Saint-
Frédian et retrouve parfaitement l'usage de ses
membres et de ses yeux. Le miracle est attesté
en présence de Fatinelli de Migliore, de Jacob
Senami, de Matteo Viviani, tous trois notaires
publics [1]. Une autre grâce est racontée : celui
qui en fut l'objet, Pierre Fatinelli, voyageait
pour affaires de commerce dans la Provence ; il

[1] 6 mai 1300.

appartenait à la famille que Zite avait servie, et avait été élevé, soit par elle, soit dans la maison. Il tombe malade, le mal s'accroît, il est enfin condamné et abandonné des médecins. Dans cet état désespéré, il était gardé par une pauvre femme dont la piété veillait sur lui, quand il se rappela Zite et l'invoqua, se plaignant du malheur qu'il avait d'être séparé de sa famille et de mourir ainsi loin de son pays. La nuit suivante, sa garde étant assoupie, une douce lumière se répandit dans la chambre, et une femme admirablement vêtue lui apparut. C'est Zite ! il reconnaît la bonne Zite, et se plaint aussitôt à elle avec une familière confiance : « O Zite ! pourquoi m'avez-vous abandonné ? Ne saviez-vous pas que j'étais malade et dans une extrême affliction ? Je suis délaissé de tout le monde ; je vais mourir loin des miens : mais vous voici enfin, hâtez-vous de me secourir, je vous en prie de tout mon cœur ! — Pierre, ne doutez pas, ayez courage, répondit la Sainte. — Mais quels sont ceux qui vous accompagnent, dit le pauvre malade. — Ne vous inquiétez pas de tant de choses, reprit-elle, ayez seulement une droite volonté ! » Ces paroles prononcées, elle disparut. Cependant Pierre était soulagé, une force nouvelle l'animait ; il demande à manger à la garde qui avait bien entendu parler au malade, mais qui ne savait comment on lui adressait la parole ; et quand celle-ci l'engage à se reposer, il se déclare guéri, se lève, et donne pour preuve du miracle fait en sa faveur que ses médecins mourront avant lui : l'événement justifia cette prédiction. Pierre rentra dans sa patrie où sa guérison miraculeuse causa une grande consolation.

Les esprit forts sont de tous les temps ; ils sont aussi de toutes les classes ; l'orgueil de la science fait les uns, les autres puisent l'incrédulité au contraire dans leur ignorance ; Maudriano Torsello, batelier de Lucques, comptait au nombre de ces derniers. Il était fatigué d'entendre parler sans cesse des prodiges de notre Sainte. On avait coutume de sonner la cloche de Saint-Frédian à chaque nouveau miracle ; alors Torsello haussait les épaules, hochait la tête, et ne manquait pas de lâcher quelque parole grossière pour prouver sans doute que son esprit était au-dessus du commun. Certain jour, il voit porter un infirme vers le Tombeau : «Où vont-ils donc ? s'écrie-t-il ; mettez-moi cet homme en terre, il sera plus tôt guéri. » Ces paroles n'étaient pas achevées qu'il devint muet. Sa bouche ne proférait plus que des sons inarticulés : la main de Dieu le frappait. Le lendemain matin, un samedi, on le voit s'avancer vers Saint-Frédian, il se met à genoux devant le prieur ; ses larmes accusaient à la fois sa faute et son repentir ; puis, il en répand abondamment devant le corps

de celle dont il avait nié le pouvoir : enfin, les
pieds nus, la corde au cou, il visite successivement les principales églises de Lucques, priant
Dieu, implorant sainte Zite, offrant son humilia-
tion en expiation de son péché. Il retourne une
seconde fois à Saint-Frédian, y fait une longue
et ardente prière : elle est exaucée, la parole lui
revient. Cet homme, ayant accompli deux fois la
même pénitence, vécut par la suite dans la
crainte de Dieu et dans le respect envers ses
saints. Ce miracle, consigné par le notaire
Fatinelli de Migliore, eut lieu le 30 du mois
d'avril de l'an 1300. Les témoins étaient nombreux : on comptait dans leur nombre Lanfredo,
Beccesti, et G. Forteguerra.

Un certain dévot à sainte Zite, Dominique
Buonturo, était fort attaché aux biens de ce
monde, et fut le 3 mai, avec un sien ami, nommé
Guido, visiter son champ qu'il avait ensemencé
de fèves. Tout en se promenant, il se mit à re-
muer la terre, et déposa une petite relique de la
Sainte sous un sillon. Il attachait un grand prix
à cette action, ne doutant pas qu'elle ne dût
préserver le grain des intempéries de la saison.
Il était moins simple qu'avare, sans doute, car
Dieu le punit : Buonturo sentit une vive douleur
aux yeux en se relevant ; il s'écria : « Je suis
aveugle ! je n'y vois plus ! » Son compagnon ne
pouvait l'en croire ; il s'étonnait de le voir gratter

la terre à tâtons ; Buonturo cherchait la relique, et pensait en lui-même que Dieu lui pardonnerait son irrévérence s'il la réparait promptement. Il pria donc sainte Zite de venir à son aide, retrouva la relique et la vue en même temps. Guido apprit seulement alors la faute de son ami : tous deux s'en vinrent faire amende honorable au tombeau de la Sainte. Ils annoncèrent le tout à dom Giacomo, prieur de Saint-Frédian, en présence de Rossi et autres témoins : Fino, notaire public, reçut leur déclaration.

D'autres faits non moins attachants complètent l'histoire de notre Sainte ; nous nous bornerons à ceux-ci, parce qu'il nous semble convenable d'user de ménagement envers nos lecteurs. Les légendes pieuses ne sont pas entrées dans nos habitudes comme dans celles de nos frères d'au delà des Alpes dont elles nourrissent la vie morale. Leurs jours, différents des nôtres, s'écoulent au dehors du toit domestique, sous un horizon pur et embaumé, dans une grande quiétude du côté des soins de la vie. Couchés au pied des chênes verts de Castel-Gandolphe, au bord des lacs riants qui entourent Albane aux épais ombrages, à l'heure où le soleil plonge dans les flots et dore de ses derniers rayons les dômes de la Ville éternelle et les tombeaux de la voie Appienne qui réveillent dans cette campagne de Rome tant et de si grands souvenirs ; les pâtres

issus de vingt peuples dont les noms ont disparu
de ces parages, aiment à échanger entre eux les
récits de la vie des saints vénérés dans leurs
montagnes. Il se passionnent pour ces héros
d'une épopée morale pleine de faits extraordinaires, et dont le charme indéfinissable tient à
ce qu'il y a de plus intime dans la révélation des
secrets du cœur : ils suivent ces combats, ces
luttes d'une âme éclairée et soutenue de Dieu :
les péripéties de ses faiblesses et de ses victoires :
ils applaudissent à son triomphe final, et en reçoivent une foule d'émotions fortes et touchantes.
Ainsi, ces hommes simples acquièrent la connaissance de la vie dans ce qu'elle offre de personnel, de profond, de profitable, puisque ces
récits déroulent dans le tableau d'une existence
réelle de hautes leçons et de grands exemples !
Pourquoi faut-il que le positif de l'existence où
nous vivons, nous, hommes du Nord, nous ait
enlevés à l'influence moralisante des légendes
populaires ! Combien sont grands ces ravages
d'un scepticisme sans valeur sur la dignité
humaine ! Voici l'homme fier des forces nouvelles
qu'il emprunte à la nature brute, en voie de
mépris pour les forces morales auxquelles il doit
sa puissance ; et cependant qu'est-il sans elle ?
Des besoins multipliés par d'insatiables désirs
l'étouffent sous l'horizon borné de la terre, et il
ne les satisfera point en comblant par un travail

aride et continuel l'espace qui va du berceau à la mort. Ses inquiétudes, ses besoins croîtront au contraire, tandis que, s'il grandissait par la foi divine jusqu'au mépris des biens qui lui seront ravis un jour, il étudierait, comme autant de modèles qui lui sont offerts, ces hommes dont l'histoire rassérène l'âme, et jette en elle je ne sais quelles calmantes émotions, quelle douce chaleur au milieu des contradictions, des misères et des douleurs qui font nos épreuves en ce monde. Car l'âme reçoit de cette communication avec les saints une impression de mansuétude, dont elle pénètre toute chose autour d'elle.

Les récits que nous venons de faire ont mouillé bien des yeux en Italie; pouvons-nous espérer qu'ils trouveront ailleurs écho et amour? Beaucoup d'esprits sérieux répugnent aux faits merveilleux qui sont cependant l'auréole dont Dieu couronne ses plus chers serviteurs: ils aiment les saints, ils estiment la morale qui découle de l'histoire des saints; mais ils n'entendent pas raison sur les miracles. Ce seul mot leur cause un effet extraordinaire, et beaucoup de bons chrétiens ont cette même faiblesse de rejeter loin d'eux tout ce que l'Eglise ne les condamne pas à croire. Nous les en plaignons, car ils se privent ainsi d'une jouissance véritable. Nous voudrions avoir disposé leur cœur à une foi plus naïve, plus confiante, par la narration

des miracles qui se lient à l'histoire de sainte
Zite, et qui, à notre avis, y ajoutent charme et
consolations. La vie d'un saint offre un tableau
merveilleux, parce que Dieu et l'homme sont en
contact intime et continuel dans une telle vie.
Miracles vivants par la pratique constante de
vertus qui dépassent les forces humaines, les
saints sont encore l'instrument de nombreux
miracles; la vertu de Dieu les anime; elle se
produit en dehors d'eux, et souvent à leur insu,
par des faits surnaturels, révélations de sa
toute-puissance, rayonnement de la lumière
incréée, habitant chez ceux qui reçurent le
Verbe, et qui manifestent sa gloire.

Nous sommes cependant obligés de convenir
qu'une infinité de choses, en nous et hors de
nous, nous surpassent : nous répugnons à admettre facilement les miracles et nous en sommes entourés. Les opérations de notre esprit,
les actes de notre volonté, la puissance de l'être
moral sur la nature et les sens, tous les agents
extérieurs dociles aux inspirations de la pensée,
comment cela s'explique-t-il? Comment en sai-
sissons-nous les rapports? Quels sont les
intimes liens de communication à l'aide desquels nous puissions suivre ces rapports et qui
nous les révèlent ?

L'ordre de la nature s'offre avec d'inexplica-
bles phénomènes que la raison accepte à ce titre,

mais qu'elle ne pénètre pas ; n'y a-t-il pas là de
quoi nous prédisposer à accepter l'inexplicable
dans l'ordre surnaturel de la grâce, où Dieu agit
par un mode à la fois divin et sensible, qui a ses
faits patents et ses mystères ? Or, le chrétien
a nécessairement accepté la foi de cet ordre surnaturel devant lequel sa raison s'incline sans
comprendre : il a plus ou moins senti, éprouvé,
expérimenté la vérité de Dieu ; mais il ne se
l'explique pas. Il marche sous la grâce qui
nourrit son âme, comme au milieu de l'air qui
le vivifie ; car la grâce est l'atmosphère de
l'âme ! Lui coûterait-il donc beaucoup de conce-
voir que l'abondance de cette grâce dilate à un
tel degré l'âme des amis particuliers de Dieu,
que leur foi pleine transfigure d'avance ce
monde, et les place dès ici-bas dans la contemplation des biens ineffables de l'avenir ? Beaucoup de saints, n'en doutons pas, présents, pour
ainsi dire, aux conseils divins, voient les choses
du temps de cette vue claire et profonde qui
pénètre leur essence, et assigne à chacune d'elles
sa mesure et sa valeur : ils jugent le monde en
regard de l'éternité, et subordonnent leur vie
entière à ce jugement. Leurs jours, humbles et
mortifiés, s'écoulent sous l'œil de Dieu, dans le
détachement absolu des joies de la terre, mais
remplis de ravissements inénarrables, parce
que leur âme ne sait comment reconnaître la

bonté suprême qui les fixa à son service, et qui les y maintient par des prodiges d'amour. Tels sont les hommes que Dieu suscite pour la gloire de son Eglise ; et quand on s'étonne qu'ils commandent aux éléments, qu'ils guérissent les malades, qu'ils réveillent les morts, comment plutôt n'admire-t-on pas qu'étant hommes comme nous, ils soient arrivés à la vie du Ciel sur la terre ?

Ajoutons seulement que si nous étions des hommes de foi, si nous étudiions les opérations de l'esprit de Dieu en nous, si, par la prière, nous domptions nos passions, et que nous fissions nos efforts pour marcher sur les traces des saints, comme eux alors nous croirions facilement aux miracles, parce que les changements qui se feraient en notre être nous initieraient aux mystères de la Providence. Nous sentirions Dieu si près de nous, si familier, si prodigue envers ses enfants, que notre confiance irait jusqu'à cette sainte témérité qui provoque les coups de sa grâce ; et quand nos forces seraient impuissantes pour secourir ou pour sauver nos frères, comme les saints alors nous emprunterions la force plutôt que de faillir à la charité.

CHAPITRE XIV

Antiquité du culte de sainte Zite. — Il se répand en divers lieux.

Les auteurs varient de quelques années sur l'époque précise de la mort de notre Sainte : les uns la placent au mercredi 27 avril 1272 ; les autres, et c'est la croyance générale, la fixent à l'année 1278. Nous avons suivi l'opinion commune à cet égard. Mais tous s'accordent pour reconnaître l'antiquité de son culte. Le quatrevingt dix-huitième miracle rapporté dans le manuscrit des Camaldules, copié par les Bollandistes, fournit un excellent renseignement chronologique ; il commence ainsi : Jacobina, femme de Bonagiunta, le 10 janvier 1279, jure sur les saints Évangiles de Dieu que le dimanche d'auparavant, dans l'été, aux environs de l'Ascension, quand la bienheureuse Zite avait été canonisée à Lucques, elle s'est vouée à Dieu et à la sainte Vierge, etc. Or, cette date si précise ne peut être taxée de fausseté, car la plus grande partie des miracles de la Sainte, qui sont tous relatés avec le quantième du mois et le jour de la semaine, ont dû être écrits l'an 1278, qui avait

la lettre dominicale B, où Pâques tombait le 17
avril, et l'Ascension le 26 mai ; Paganello, second
du nom, gouvernait depuis trois ans l'Eglise de
Lucques, et rien ne se fit sans son consentement,
quant à ce qui concernait le culte public de la
Sainte. Il ne faudrait pas pourtant penser qu'on
l'établit alors légèrement, puisque l'oncle et la
sœur de Zite ne furent pas canonisés, malgré
qu'ils eussent mené une vie sainte, et cela, dit
le même manuscrit, à cause d'un empêchement
légal. Dès ces temps, on donne en effet libre-
ment et publiquement à Zite le nom de Sainte.
Un acte reçu par Raniéri, notaire, sous la date
du 11 août 1290, porte que, par testament et
expression de sa dernière volonté, Q. Bonagiunta
ordonne qu'en l'honneur de sainte Zite il soit
distribué aux pauvres, sur sa fortune, cinq florins, monnaie lucquoise, le jour de la fête de
sainte Zite ; rien ne prouve davantage l'antiquité
de son culte chez les Lucquois. Le voyage de
Marie de Sens, consigné dans un autre acte
public, prouve également quelle était la renommée des miracles de la Sainte. L'affaire de
sa canonisation ne fut probablement pas portée
devant le pape Nicolas III ; la canonisation pon-
tificale n'avait pas, dans ces temps reculés, l'éclat
et le retentissement qu'elle a de nos jours ; mais
il est difficile d'admettre qu'on l'eût absolument
passée sous silence, si elle avait eu lieu dans le

temps. Les instances que l'on fit depuis en cour de Rome, les indults et bulles des papes, à l'occasion du culte de sainte Zite, prouvent même que ce culte ne fut pas général dans l'Eglise à cette époque-là.

Quoi qu'il en soit, les statuts de Lucques de 1308 portent le jour de la fête de sainte Zite au nombre des jours fériés; Dante, mort en 1321, donne à Zite le nom de Sainte :

> Ecco un degl' Anzian di santa Zita [1].

Or, Dante, c'est l'Italie tout entière. On lit de plus, sur le marbre qui soutient les candélabres en fer de la chapelle construite en l'honneur de sainte Zite, et ornée de verrières par la famille Fatinelli :

> Hoc opus fieri fecerunt nobiles viri,
> Dominus Nicolaus et Bartholomæus,
> Quondam Domini Ceci de Fatinelli
> Lucenses anno MCCCXXI pro ipsorum, et eorum
> Descendentium ad honorem Dei, et gloriam [2].

La construction et les ornements de cette cha-

---

[1] Voici un des chefs de la ville de sainte Zite.

[2] Cette œuvre est due aux soins de nobles hommes, les seigneurs Nicolas et Barthélemi, de leur vivant seigneurs Ceci de Fatinelli, citoyens de Lucques, l'an MCCCXXI, pour leur salut et celui de leurs descendants, à l'honneur et à la gloire de Dieu.

pelle, dont le service fut assuré par cette famille, revenait à un total de sept cents florins d'or.

Les années 1340, 42, 73, 83 et 87 voient se renouveler une multitude de legs et dons en l'honneur de notre Sainte. On lit avec attendrissement les dernières dispositions de Jean Fatinelli, petit-fils ou arrière-petit-fils de ceux qu'éleva la sainte servante ; il donne une somme de cent florins d'or pour l'embellissement de la chapelle, et fonde, en outre, une messe perpétuelle quotidienne pour le repos de son âme [1]. Cette volonté pieuse a reçu longtemps son exécution ; mais les tempêtes politiques de ce siècle ont porté partout leur ravage ; les fonds destinés à cette fondation n'existent plus. N'accusons personne ; prions plutôt pour les spoliateurs, afin qu'ils se repentent et qu'ils vivent ; notre espoir est dans la piété de l'héritier d'un nom que le souvenir de sainte Zite glorifie à jamais, et nous demandons au dernier Fatinelli existant, de se préparer la voie du ciel par un nouveau témoignage de vénération envers celle qui protégea si longtemps sa famille.

Le culte de sainte Zite s'étendait non seulement en Italie, mais dans toute l'Europe : des chapelles élevées en son honneur au lieu de sa

---

[1] 31 juillet 1373 et 10 février suivant, Lupardi et Mattia, notaires.

naissance, et sur différents points du territoire lucquois ; des confréries, des processions annuelles, des messes célébrées en un grand nombre de lieux, disent assez que là son culte est un culte d'affection et de famille. Les Génois se distinguèrent des premiers parmi ceux qui l'honorèrent : on voit une église, dont la construction accuse l'antiquité, dans le faubourg du Bisagno de Gênes ; elle est sous le vocable de la Sainte. Nous l'avons visitée. Les principaux miracles de Zite sont peints par des maîtres habiles, et l'œil parcourt successivement la plupart des événements de sa vie. Le tableau du maître-autel n'y est plus : cette œuvre remarquable de Castelli est reléguée sans honneur dans une petite salle attenante à l'église, où l'humidité achève sa destruction ; la Sainte, en habits de servante, distribue le pain changé en fleurs, et implore la sainte Vierge qui lui apparaît tenant entre ses bras l'Enfant Jésus. La confrérie des *disciplinanti de sainte Zite,* établie dans cette église, avait obtenu de grandes faveurs du pape Paul V, ainsi que le constate sa bulle du 10 avril 1605. Cette confrérie comptait quatre cents membres, possédait quelques reliques de la Sainte, et les portait processionnellement à la cathédrale le Jeudi Saint.

L'administration française a supprimé cette confrérie pendant son passage ; mais elle n'a pas détruit la tendre vénération des habitants du Bisagno de Gênes pour sainte Zite, et l'on assure qu'elle est aussi vive qu'au temps où, sur l'instance faite pour sa canonisation solennelle, le doge et le sénat de Gênes la Superbe adressaient la supplique suivante au souverain pontife Innocent XII :

TRÈS SAINT PÈRE,

Nous pensons qu'il n'y a rien de plus désirable que d'offrir à Votre Sainteté l'occasion d'augmenter la gloire de Dieu en propageant la piété parmi les fidèles par le souvenir de la glorieuse mémoire des saints dont la vie et les vertus sont un exemplaire fait pour ranimer la piété; nous mettons donc à vos pieds cette prière, que vous daigniez déclarer immémorial le culte et la vénération profonde que nous, et tout le peuple génois, professons envers la vertu insigne de la vierge sainte Zite, dont la resplendissante sainteté nous permet d'avoir la douce espérance que vous ferez inscrire son nom parmi ceux des saints du martyrologe romain : une semblable décision de Votre Sainteté ira à la gloire du Tout-Puissant, à la gloire de la vierge sainte Zite, et aussi à la nôtre et à celle de tout le peuple chrétien, qui l'accueillera avec des transports de joie; nous l'espérons de votre immense bonté, Très Saint Père, et nous baisons humblement vos pieds sacrés.

Gênes, 6 juillet 1695.

Le doge et gouverneur de la République de Gênes,
Duc JEAN-BAPTISTE PALAVICINI.

ANFRAN DE MONTALD,
chancelier et secrétaire.

L'archevêque de Gênes s'exprimait dans des termes encore plus pressants le 24 septembre suivant : il rappelait l'extrême antiquité du culte de sainte Zite chez les Génois ; il disait que l'église du Bisagno, dans laquelle Zite est honorée, avait été, selon l'opinion publique, fondée par saint Vincent Ferrier, en l'honneur de la Sainte, et qu'il y avait prêché. Il ajoutait que la fête de la vierge lucquoise y était célébrée solennellement depuis un temps immémorial.

Palerme, en Sicile, avait un couvent de Frères Prêcheurs portant le nom de la Sainte. C'était un ancien hôpital fondé par les Lucquois avant 1448, époque où l'on bâtit un magnifique temple et un monastère sur son emplacement [1]. Le tableau du maître-autel représente Zite en extase et environnée d'anges. Ses miracles sont sculptés à la

---

[1] Les jardins qui entourent le couvent s'appellent **Villa** de sainte Zite.

tribune du chœur; son image, peinte en plusieurs endroits, est gravée sur le cachet du couvent. Sa fête se célèbre du rit double-solennel avec octave; ce jour-là on fait son panégyrique. Le bienheureux Pierre de Hérémia, dominicain, passé de ce monde en l'autre en 1452, homme célèbre par sa sainteté et ses miracles, avait une particulière et tendre dévotion envers la Sainte; il a fait souvent son éloge d'une façon très remarquable. Il avait accoutumé, au jour de sa fête, de réunir beaucoup de pauvres; il les nourrissait, les servait lui-même, et l'on assure qu'il arriva plusieurs fois que, le nombre des convives ayant excédé les ressources, les provisions s'étaient multipliées miraculeusement.

On possède dans le couvent de Palerme des vêtements de la Sainte, et on les expose, chaque année, à la vénération des fidèles, qui s'empressent de profiter des grâces et indulgences attachées au jour de sa fête par les bulles des papes Jules II et Clément VIII.

L'archevêque de Palerme fut également un de ceux qui écrivirent à la Sacrée Congrégation des Rites pour attester le culte immémorial de la Sainte, et en obtenir la solennelle déclaration.

L'île de Gozzo, le couvent des Pères de Saint-François, l'église principale de Malte avaient aussi des autels dédiés à notre Sainte, ou des tableaux rappelant ses vertus. Son culte s'éten-

dit en Angleterre ; voici à quelle occasion. Un
gentilhomme anglais, nommé Guillaume Langstrohir, chevalier de l'ordre hospitalier de Saint-
Jean de Jérusalem, avait fait élever dans la
ville d'Eglia, comté de Lincoln, une chapelle en
l'honneur de sainte Zite ; il vint à Lucques, et
sollicita de l'évêque Balthasar Manni quelque
relique qu'il pût porter en Angleterre. Il admi-
nistra, le 10 mai 1446, les preuves de ses droits
à cette faveur, et on le gratifia d'un vêtement et
du petit doigt du pied droit de la Sainte. Les
termes dans lesquels l'évêque et le prieur, Jean
de Carrara, parlent de cette faveur, prouvent de
quel prix elle était à tous les yeux.

Mais ce fut en Espagne surtout que la dévotion devint ardente pour l'humble vierge lucquoise. On lui éleva un autel à Saragosse, dans
la croisée gauche du chœur de la fameuse église
de Notre-Dame del Pilar. On y conserve reli-
gieusement quelque portion des vêtements de
la Sainte. Les femmes malades, et celles qui
touchent au terme de leur grossesse, ont recours
à son intercession. Un grand nombre de femmes
de Saragosse, du royaume d'Aragon et de la
Castille, se nomment Zite. On célèbre magnifi-
quement sa fête le 26 avril : les lettres de don
Antonio Ybanor della Riva Herrera, archevêque de Saragosse, et les pièces insérées au procès de la canonisation en font également foi.

Il existe aussi une très ancienne chapelle sous son vocable dans le diocèse de Pampelune. C'est une église de campagne gardée par deux ermites : la statue de la Sainte la représente vêtue en servante avec un panier de fleurs à la main. Le concours du peuple est grand à cette église.

Une chapelle solitaire a toujours ses légendes. Deux prêtres espagnols vinrent à Rome en 1697, et attestèrent la vérité du fait suivant. Un certain prêtre était dévot à la Sainte, et ne crut rien faire de plus habile, le jour de sa fête, que de dérober quelques fleurs de sa couronne et de les emporter dans sa maison. Il était d'une forte santé ; mais, dès la nuit suivante, la fièvre le prit, et il fut plusieurs jours travaillé du même mal ; il lui vint alors dans l'esprit que son larcin pieux pourrait bien être la cause de sa maladie. Il alla donc confesser sa honte, reporta les fleurs et fut guéri.

Rome, mère et maîtresse de toutes les églises, ne devait pas être la dernière à honorer la mémoire de la sainte servante de Lucques. Monsignor Fatinelli, préfet de la cour romaine, pénétré de cette affection filiale que ses ancêtres avaient toujours eue pour notre Sainte, lui fit ériger une chapelle dans l'église de Sainte-Croix et Saint-Bonaventure, appartenant aux Lucquois ; car, chose remarquable, toutes les langues, tous les peuples ont des églises en propriété dans la Ville éternelle, pour montrer sans doute que la foi qui rayonne sur le monde, en partant de Rome, revient à elle comme au centre brûlant qui la vivifie. Un hospice touche à plusieurs de ces églises nationales, afin que chaque pèlerin puisse recevoir des secours de ses concitoyens, et qu'il trouve les consolations et le langage de la patrie dans la cité qui n'est étrangère à aucun chrétien ! Le Français, l'Allemand, l'Espagnol, l'Irlandais viennent prier là au pied des images et des reliques des saints dont le nom fut doux à leur oreille dès leur enfance. Ainsi tout réveille dans cette ville de Rome de pieux et de consolants souvenirs ! Les choses de la terre et du ciel y semblent unies dans une pensée profonde, et le voyageur, quel qu'il soit, y rencontre toujours ces deux leçons : l'amour de la patrie terrestre à laquelle il doit ses labeurs ; l'amour de la patrie immortelle dans laquelle il doit placer ses espérances.

La chapelle de sainte Zite, nous l'avons dit, est éclatante de marbres et de dorures ; jamais on ne prodigua plus de richesses, et c'est pour honorer la mémoire d'une servante ! Il y a un grand encouragement pour les faibles et les petits de ce monde dans le spectacle de cette humble fille glorifiée et recevant les hommages des fidèles dans la capitale du monde chrétien !

Les pontifes, les princes, les puissants s'inclinent devant son image sacrée. Ainsi l'Eglise, par le culte des saints, instruit les hommes, et place les grandeurs véritables que le ciel couronne à la portée de ceux qui, grands ou petits ici-bas, sont également invités à les conquérir.

On lit les inscriptions suivantes sur les faces de la chapelle :

Beata Zita in suburbano Lucensi orta
apud Fatinellos patricios inter ancillas adhibita,
humilitatem generis et officii
vitæ sanctimonia illustravit.
Pietate in Deum, miseratione in pauperes
ita semper exarsit,
ut sitienti egeno aquam illico in vinum collocavit,
felixque potuit duobus dominis divino humanoque
fideliter inservire [1].

Sacellum Beatæ Zitæ
quingintorum circiter annorum cultu celeberrimum,
ut domesticum decus e patria
primus in Urbem induceret,

---

[1] Sainte Zite, née dans un faubourg de Lucques, et employée comme servante dans la famille patricienne des Fatinelli, illustra par la sainteté de sa vie la bassesse de sa naissance et de sa condition. Sa piété envers Dieu et sa compassion envers les misérables étaient poussées à un tel degré qu'un jour elle changea subitement de l'eau en vin pour un malheureux qui avait soif, et qu'elle eut ainsi le bonheur de servir avec fidélité deux maîtres, celui du ciel et celui de la terre.

servitutem virginis rediturus qua gentiles sui
famulitio in patrocinium converso
per totidem sæcula gloriantur,
Fatinellus de Fatinellis signat vot. fund.
erex. orn.
Anno sal. MDCXCV [1].

J'entendis la messe dans cette chapelle le
27 avril, jour de la fête de sainte Zite, et la
Providence, qui fait servir toute chose à ses
desseins, permit que le prêtre qui la célébrait
fût le vénérable abbé Barsochini, savant lucquois, que je retrouvai ensuite à Lucques. Parti
de Naples, il traversait Rome, et s'était arrêté
pour offrir un pieux hommage à sa glorieuse
compatriote ; quelques jours plus tôt ou plus
tard, je ne l'aurais pas rencontré. C'est à ses
recherches et à celles du Révérend Père Fra
Augustin Marchi, de l'ordre des Frères Prêcheurs, que je dois la meilleure partie de ce
travail. Tous deux s'arrachèrent à leurs doctes
occupations pour venir en aide à ce Français

[1] Chapelle de sainte Zite célèbre par le culte de la Sainte
depuis environ cinq cents ans : pour répandre hors de sa
patrie et introduire le premier dans la Ville éternelle cette
gloire de sa famille, suivant l'usage de ses ancêtres qui se
glorifient depuis plusieurs siècles d'avoir fait leur patronne
de celle qui avait été leur servante, Fatinello des Fatinelli a
fondé, élevé et orné ce témoignage de sa dévotion, l'an du
salut MDCXCV.

inconnu qu'ils avaient vu prier devant l'autel de leur patronne. Leurs conseils, leur amitié lui appartinrent dès lors et l'ont soutenu. C'est un bonheur pour lui de le dire au moment où il clôt son travail, et de pouvoir exprimer à Mgr Stefanelli, archevêque de Lucques, aux chanoines Péra, Alberti, ainsi qu'au respectable prieur de Saint-Frédian, Piétri, l'expression de sa reconnaissance respectueuse pour l'intérêt qu'ils prirent à un ouvrage dont l'objet, après la gloire de Dieu, était la gloire de la bien-aimée sainte Zite, si chère à tous ses concitoyens.

Saint-Cassien de Montrone, Lomnari, Saint-Gennaro, Vascoli, possèdent des églises dédiées à sainte Zite. A Ravenne, dans un couvent de Capucins, se voit une gouache représentant le miracle des fleurs ; à Saint-Laurent de Vascoli, auprès de la fontaine de sainte Zite, est une église sous son vocable : nous en avons précédemment parlé.

La chapelle de Santa-Zitina fut construite à Lucques en l'honneur de la Sainte. On y voit un tableau de Marrucci, excellent peintre lucquois.

CHAPITRE XV

De la conservation merveilleuse du corps de sainte Zite.

———

Nous avons vu dans le chapitre précédent que le prieur de Saint-Frédian, dom Giacomo, fit construire une chapelle en l'honneur de notre Sainte, et qu'elle fut embellie, dotée, enrichie depuis par la famille des Fatinelli. Cette chapelle, contiguë à la basilique de Saint-Frédian, est située à gauche et correspond au bas-côté de l'église par deux larges arcades. Elle est entourée de tableaux où sont représentés les différents actes de la vie de Zite. Des travaux furent faits à cette chapelle en 1581 ; on ouvrit le tombeau où reposait le corps de la Sainte : il était, tout entier, sans aucune espèce d'altération. On l'avait déjà retrouvé sans corruption en 1446, quand Balthasar de Manni, évêque de Lucques, avait donné le petit doigt du pied droit de la Sainte au chevalier anglais Langstrohir, ainsi que nous l'avons raconté plus haut. — En 1652, le 20 du mois de mai, il fut dressé procès-verbal de la reconnaissance du corps de la Sainte par ordre de l'évêque Pierre Rota, en présence d'un grand concours de peuple. — Le prieur, les chanoines réguliers,

et le célèbre anatomiste Michel-Ange Crémona,
reconnurent que la châsse, n'étant pas bien close,
laissait transpirer l'air, ce qui pouvait nuire à la
conservation du corps. On résolut donc de le
placer dans une châsse plus belle et mieux
fermée ; mais auparavant, et avec toute la con-
venance possible, on reconnut son état de
conservation. On le posa sur une table couverte
de beaux ornements ; il fut dépouillé d'une
portion de ses vêtements, et le dit anatomiste
Crémona attesta, ainsi que le constate d'ailleurs
la relation qu'il en a publiée depuis, que le
corps était tout entier, de façon à ce que les
membres étaient non seulement unis par les os,
les muscles, les nerfs, les cartilages, les veines
et les artères, mais que les viscères, et enfin ce
qui constitue l'ensemble des différentes portions,
étaient dans un état parfait de conservation, de
manière qu'en touchant d'un côté on remuait
tout le corps ; ce que l'on expérimenta, puisqu'il
fallut le dévêtir, l'habiller, le transporter d'une
châsse dans l'autre. Or, il ne manquait rien,
sinon le petit doigt du pied droit.

Le corps fut alors placé dans sa nouvelle
châsse au-dessus de l'autel ; mais comme on
l'avait mis trop haut, et que sa vue ne pouvait
satisfaire la dévotion de ceux qui venaient le
visiter, on arrangea la châsse avec une grande
solennité au lieu où on la voit encore aujourd'hui.

Voici ce qu'on lit dans les Bollandistes, en tête de la Vie de la Sainte :

« Le corps de sainte Zite ayant été tiré du tombeau longtemps après sa mort, en 1581, fut trouvé intact et comme s'il était encore vivant, ainsi que l'attestèrent tous les témoins. Ce sont, au rapport de Pompée Lommori, Alexandre Guidiccioni, évêque de Lucques, qui le vit avec son vicaire-général, Francois Buonavaglia, le 10 du mois de décembre ; et un autre évêque, César Ferreis, qui l'examina également le 21 août suivant. Alors le corps fut tiré du cercueil de pierre où on l'avait mis et transporté sur l'autel dans une châsse de bois bien ornée, afin sans doute qu'il fût plus facile de le montrer, ce qui se fait encore à présent (1662). Nous avons admiré son visage et ses mains découvertes ; la Sainte ressemblait presque à une personne endormie. Le reste du corps était recouvert d'habits de drap d'or, et une fort belle couronne ornait la tête. Un verre laissait voir facilement l'intérieur de la châsse, mais empêchait qu'on y pût toucher avec la main. Tout le monde est admis à voir cette précieuse relique le 27 avril, jour de sa fête. C'est par une faveur particulière, ajoutent-ils, qu'il nous a été permis de la voir dans un autre temps de l'année. »

Voilà ce qu'écrivaient des hommes graves, revêtus d'un caractère sacré, en présence de la critique du dix-septième siècle ; il ne nous resterait qu'à les copier, et les extraits des actes authentiques et des historiens qui nous devancèrent suffiraient pour attester l'état où se trouve le corps de notre chère Sainte en cette année de grâce mil huit cent quarante et un [1]. — Mais par une faveur plus spéciale que celle qui avait été accordée aux savants écrivains que nous venons de citer, il nous a été permis non seulement de voir, mais de toucher le saint corps ; et nous avons obtenu de la bonté de Mgr Stefanelli, archevêque de Lucques, que la châsse fût découverte, et qu'un acte régulier constatât, en présence des autorités ecclésiastiques et d'un grand nombre de témoins, l'état de conservation des restes sacrés que nous étions venus visiter. Nous parlerons donc, non de ce que nous avons ouï dire, mais de ce que nous avons vu. Nos mains, quoiqu'indignes, ont reposé sur les mains bénies de sainte Zite, et nous y avons trouvé un reste de flexibilité ; sa peau, à l'endroit où le col touche la tête, a fléchi et est revenue sous notre doigt ! Nous avons pu compter les muscles, les nerfs, les veines de ces mains et de ces pieds, sur lesquels le temps a déposé une sombre empreinte, sans que les pores de la peau en fussent altérés ; la tête indique parfaitement encore les

---

[1] C'est la date de la Ire édition de cet ouvrage.

traits accentués de la femme forte dont parle l'Ecriture. Mais ici la dessiccation est plus sensible, et des traces nombreuses d'humidité annoncent l'absence condamnable des précautions de conservation les plus vulgaires. Quelle serait donc la détérioration de tout le corps, si Celui qui veille éternellement sur la dépouille des siens n'avait dit par la bouche du roi prophète : *Custodit Dominus omnia ossa eorum, unum ex his non conteretur* [1] *!* »

Le docteur Puccinelli, dont la modestie et le désintéressement égalent la science, se rendit à la sacristie de Saint-Frédian où la châsse avait été transportée par les soins du prieur. Là se trouvaient les délégués de l'Archevêque, messieurs les chanoines Alberto-Alberti, Péra, Trenta, et beaucoup d'ecclésiastiques, parmi lesquels le savant abbé Barsochini. Le supérieur des Passionistes du mont Sant'Angelo, où la mémoire de Zite est encore si vivante, s'y trouvait également, ainsi qu'un grand nombre d'autres personnes que cette circonstance solennelle et leur dévotion attiraient. On brisa les sceaux de la châsse, et le notaire de la cour archiépiscopale reçut la déposition du docteur Puccinelli. En voici la traduction littérale.

---

[1] *Ps.* xxxiii. Le Seigneur veille sur tous les os de leur corps : il n'en sera pas brisé un seul.

EXTRAIT AUTHENTIQUE DU PROCÈS-VERBAL

Rédigé par le chancelier et notaire archiépiscopal Charles
Biscotti, *à l'occasion de l'ouverture de la châsse où se
conserve le corps de sainte Zite, vierge lucquoise.*

« Ce jourd'hui, trente juillet mil huit cent
quarante-un, à la suite de la lettre d'invitation
adressée à moi soussigné chancelier de la cour
archiépiscopale de Lucques, en date de ce même
jour, par l'illustrissime et révérendissime Alberto
Louis Alberti, chanoine coadjuteur de l'église métropolitaine, de ce spécialement chargé comme
tenant la place de Son Excellence Révérendissime Mgr Jean Dominique Stefanelli, archevêque de Lucques, je me suis transporté à la
basilique de Saint-Frédian de cette ville, à une
heure de l'après-midi, et précisément dans la
sacristie de ladite église où fut transportée de sa
chapelle la châsse de sainte Zite. J'y ai trouvé
le susdit révérendissime chanoine Alberti, les
révérends Girolamo Trenta et Pietro Péra, tous
deux également chanoines de la susdite église
métropolitaine, témoins réclamés et invités à
assister au présent acte. Etaient également
présents très révérend François Piétri, prieur-
coadjuteur de l'église de Saint-Frédian, et
Nicolas Brancoli, trésorier de ladite église, et

beaucoup d'autres personnes, qui, par piété
envers la Sainte, sont venues pour être présentes
à l'ouverture de la caisse renfermant le corps
de sainte Zite, vierge lucquoise.

« On a d'abord procédé à la récognition des
sceaux apposés sur la châsse, et ils ont été
trouvés intacts, ayant l'empreinte des armes de
Mgr Sardi, précédent archevêque de Lucques.
On a trouvé de même aux pieds de la Sainte un
écrit portant la date du 21 septembre 1821,
lequel fait mention de l'ouverture faite à cette
époque, quand on revêtit à nouveau le corps.
Après quelques prières analogues à la circonstance récitées par le prieur Piétri, les révérends
chanoines susdits, ayant rochet et étole, se sont
approchés du corps et ont invité M. Benoît
Puccinelli, docteur en médecine et chirurgie, et
professeur de chimie et de botanique au lycée
royal de Lucques, d'émettre son opinion sur
l'incorruption et la flexibilité du corps de sainte
Zite : lequel professeur, après avoir prêté serment dans nos mains, en touchant les saints
Evangiles, a déclaré :

« Que le saint corps était sans le moindre
doute exempt de toute putréfacion, entier dans
toutes ses parties, à l'exception du petit doigt du
pied droit, lequel manque ; qu'il conserve encore
de la flexibilité aux articulations des mains et
des jambes, de même en certaines portions de

la tête et spécialement à l'angle de la mâchoire inférieure, où il existe encore de l'élasticité. On voit aux mains et aux pieds, malgré leur desséchement, les divers tendons, les veines et les couleurs propres à ces différentes parties quand elles ne sont pas exposées à l'air, et spécialement aux jambes qui sont encore blanches. Mais on n'a pu porter d'examen sur le reste du saint corps qui est couvert.

« A la suite de quoi l'on a reposé les sceaux sur la châsse, et j'ai dressé et conservé le présent acte, et il a été signé de tous les témoins susnommés, en présence du susdit docteur Puccinelli et de moi, chancelier soussigné, et a déclaré le révérend chanoine Alberti qu'il avait déposé dans un tube de fer-blanc une inscription écrite sur parchemin, ainsi que celle que l'on avait trouvée dans la châsse, dont il a été parlé précédemment. »

Suivent les signatures.

CHAPITRE XVI

Nous avons dit plus haut que l'on avait composé exprès pour la fête de sainte Zite un office particulier. Nous allons le citer en entier, tel qu'il se dit dans tout le diocèse de Lucques et à Palerme. Nous ne reproduirons néanmoins que les parties spéciales, le reste se trouvant au Commun des Vierges dans le Bréviaire romain.

OFFICE

DE

SAINTE ZITE, VIERGE DE LUCQUES

Décrété le 15 février 1777

Et universellement célébré dans tout le diocèse de Lucques, le 27 avril.

Tout l'office est du Commun des Vierges, au temps pascal, excepté ce qui suit :

ORAISON

Dieu, qui avez transporté la bienheureuse vierge Zite de l'humble état de servante au royaume éternel, accordez-nous par son intercession de vous servir fidèlement sur la terre, afin de mériter d'être élevés avec elle dans les cieux. Par Notre-Seigneur, etc.

Au Iᵉʳ Nocturne.

Leçons tirées de l'Ecriture.

Au IIᵉ Nocturne.

Leçon IV.

La vierge Zite naquit de parents obscurs, mais pieux, dans un bourg dépendant de la ville et du diocèse de Lucques, appelé *Mont Sagrati.* Toute jeune encore elle fut conduite par son père à Lucques et placée dans l'illustre maison des Fatinelli, pour y remplir l'office de servante. Elle s'éleva bientôt à un si haut degré de la perfection évangélique, que, durant sa vie, elle imita d'une manière admirable, dans toute sa conduite, à la fois Marthe et Marie, en s'appliquant avec assiduité à la méditation des choses divines, sans que jamais elle manquât à ses devoirs domestiques. Car jamais on ne la vit oisive, sans travailler des mains, ou sans s'occuper de quelque autre ouvrage. Elle observait une abstinence rigoureuse, et l'austérité de sa vie était admirable. Fort attentive à garder la chasteté, elle avait fait un pacte avec ses yeux pour se préserver de tout regard accordé à la curiosité pure ou à la vanité ; et un jour elle repousa promptement et avec courage l'audace d'un jeune homme qui l'avait attaquée. Habituée à crucifier son corps avec ses vices, elle le soutenait avec le moins de nourriture possible, le couvrait d'un habit rude et grossier, le ceignait d'une corde toute hérissée, marchait nu-pieds ; et, réservant son lit pour les pauvres, elle se plaisait à coucher sur la terre même ou sur des planches nues.

℟. A cause de la vérité, de la miséricorde et de la justice, * La main de Dieu vous conduira d'une manière merveilleuse.

℣. Dans toute la splendeur de votre gloire et de votre beauté, continuez votre route, prospérez dans vos voies et régnez. * La main de Dieu, etc.

Leçon V.

Brûlant de la sainte ardeur de l'amour divin, elle se rendait en hâte, à l'heure accoutumée, aux Matines et même aux Laudes, dans une église voisine de Saint-Frédian ; et là elle était tellement absorbée durant sa prière dans la douceur de la contemplation céleste, que souvent on ne pouvait l'en arracher, même en usant de force. Elle brilla surtout par sa charité envers le prochain. Tout ce quelle pouvait distraire de sa nourriture, de ses gages, ou de ses habits, elle l'employait avec empressement à soulager les pauvres et les malades ; de sorte qu'aucun pauvre ne s'éloignait de cette pauvre fille sans en recevoir des secours. On rapporte que cette grande libéralité de la pieuse vierge envers les pauvres fut récompensée par le ciel de grandes faveurs et de grâces précieuses. Dieu se plut à manifester la sainteté de sa servante, de son vivant même, par des merveilles et des prodiges éclatants. Ainsi un grenier épuisé par les pieuses largesses de la Sainte fut miraculeusement rempli de nouvelles provisions ; on la vit ensuite marcher au milieu d'une pluie violente sans en être atteinte ; Dieu changea pour elle l'eau en vin, des morceaux de pain en fleurs et en roses, comme le rapporte la tradition.

℟. Tu as haï l'iniquité : c'est pourquoi * Le Seigneur, le Seigneur ton Dieu t'a couvert de l'huile sainte qui remplit le cœur d'allégresse.

℣. A cause de la vérité, de la miséricorde et de la justice, * Le Seigneur, etc.

Leçon VI.

Vivement inquiète du salut de chacun, et de la conversion des pécheurs, elle avait surtout un grand soin de retirer de leurs désordres, autant qu'il était en son pouvoir, les femmes de mauvaise vie, en leur donnant un refuge dans sa chambre. Enfin, brisée par les travaux, les veilles et les mortifications plus que par les années, elle fut prise de la fièvre, et forcée de se coucher dans un lit contre son habitude. Connaissant qu'elle allait mourir, fortifiée par les sacrements de l'Eglise, les yeux fixés au ciel et les bras croisés sur sa poitrine, elle s'envola, pleine de mérites, vers son céleste époux, le 27 avril 1278, âgée de près de soixante ans. Le pape Innocent XII approuva de son autorité apostolique le culte qui lui est rendu de temps immémorial. Son corps s'est conservé frais et sans corruption jusqu'aujourd'hui. On le voit à Saint-Frédian, vieille basilique lombarde, et on l'y vénère avec la plus grande dévotion.

℟. Des vierges seront présentées au Roi après elle : ses compagnes vous seront amenées : * Elles seront amenées avec joie et avec allégresse.

℣. Dans toute la splendeur de votre gloire et de votre beauté, continuez votre route, prospérez dans vos voies, et régnez. * Elles seront, etc. Gloire au Père, etc. * Elles seront, etc.

Au IIIᵉ Nocturne.

Leçon VII.

Lecture du saint Evangile selon S. Luc, chapitre x.

En ce temps-là, Jésus entra dans une ville, et une femme appelée Marthe le reçut dans sa maison, *et la suite*.

Homélie de saint Augustin, évêque.

(*Du sermon sur les Paroles du Seigneur.*)

Pourquoi donc penserions-nous que le service de Marthe ait été blâmé, quand elle s'occupait avec tant de zèle des soins de l'hospitalité, et qu'elle recevait chez elle le Seigneur lui-même ? Quel reproche aurait-elle pu encourir, elle qui se réjouissait d'un tel hôte ! Si cela était vrai, on n'aurait plus à s'occuper de servir les pauvres, on n'aurait qu'à choisir la meilleure part qui ne sera point ôtée, on méditerait sur la parole divine, on s'enivrerait des douceurs de la doctrine céleste, on ne s'occuperait plus que de la science du salut. On ne s'inquiétera point de savoir qui est étranger dans la ville, qui a besoin de pain ou de vêtements, qui doit être visité, racheté ou enseveli : que deviendront alors les œuvres de miséricorde ? on ne pensera plus qu'à la science du salut. Si c'est la meilleure part, pourquoi chacun de nous ne ferait-il pas la même chose, ayant le Seigneur lui-même pour garant de notre conduite ? Car nous ne craignons pas de blesser sa justice, en nous autorisant de ses paroles.

℟. Voici la vierge sage que le Seigneur a trouvée éveillée, qui, en prenant sa lampe, eut soin de prendre de l'huile en même temps. * Et quand le Seigneur arriva, elle entra avec lui au festin des noces. Louez Dieu.

℣. Au milieu de la nuit, on entendit crier : Voici l'époux qui vient, allez au-devant de lui. ⸱ Et quand. Gloire, etc. ⸱ Et quand.

Leçon VIII.

Et pourtant il n'en est point ainsi. Ce qui est, c'est ce qu'a dit le Seigneur. Non pas comme vous le comprenez, mais comme vous devriez le comprendre. Voici, remarquez bien : « Tu es occupée de beaucoup de choses, quand une seule est nécessaire. Marie a choisi la meilleure part. » Tu n'en as pas pris une mauvaise, mais la sienne est meilleure. Mais pourquoi est-elle la meilleure ! Parce que tu embrasses beaucoup de choses à la fois, et qu'elle ne pense qu'à une seule. L'unité vaut mieux que la multiplicité ; car ce n'est point la multiplicité qui a produit l'unité, mais l'unité qui a produit la multiplicité. Il y a une immense quantité d'êtres créés : celui qui les a créés est unique. Le ciel, la terre, la mer, et tout ce qu'ils renferment, que d'objets divers ! qui pourrait les compter ? qui pourrait se faire une idée de leur multitude ? Dieu a tout fait, et tout est parfait. Si les œuvres sont parfaites, combien est plus parfait celui qui les a produites !

℟. Au milieu de la nuit on entendit crier : ⸱ Voici l'époux qui vient, allez au-devant de lui. Louez Dieu.

℣. Vierges sages, préparez vos lampes. Voici l'époux, etc. Gloire au Père, etc. Voici l'époux, etc.

Leçon IX.

Appliquons-nous donc à multiplier nos occupations. Beaucoup de corps souffrants ont besoin de secours. Pourquoi cela ? Parce qu'on a faim, parce qu'on a soif. La compassion est nécessaire aux malheureux. Vous donnez du pain à celui qui a faim, parce que vous avez trouvé quelqu'un qui avait faim ; ôtez la faim, à qui pourrez-vous donner ce pain ? ôtez les voyages, envers qui pourrez-vous exercer l'hospitalité ? ôtez la nudité, à qui donnerez-vous des vêtements ? s'il n'y a point de maladie, qui visiterez-vous ? s'il n'y a point de captivité, qui rachèterez-vous ? s'il n'y a point de querelle, qui chercherez-vous à mettre d'accord ? s'il n'y a point de morts, qui pourrez-vous ensevelir ? Dans ce siècle à venir que nous attendons, ces maux n'existeront pas : c'est donc alors seulement qu'on n'aura pas besoin de ces services.

Te Deum, etc.

A LA MESSE

INTROÏT

Vous avez aimé la justice, et vous avez haï l'iniquité : c'est pour cela que Dieu, votre Dieu, a répandu sur vous l'huile de la sainte allégresse, de préférence à ceux qui étaient avec vous. Louez Dieu. Louez Dieu.

Mon cœur a proféré une bonne parole, je raconterai au Roi toutes mes actions. Gloire au Père, etc. — Vous avez aimé, etc.

PRIONS

Dieu qui avez transporté la bienheureuse vierge Zite de son humble état de servante au royaume éternel, accordez-nous par son intercession qu'après vous avoir servi fidèlement sur la terre, nous méritions d'être glorifiés avec elle dans les cieux. Par Notre-Seigneur, etc.

Lecture de l'Epître de saint Paul aux Ephésiens.
Chap. VI.

Serviteurs, obéissez à vos maîtres selon la chair avec crainte et respect, dans la simplicité de votre âme, comme à Jésus-Christ. Ne les servez pas seulement lorsqu'ils ont l'œil sur vous comme si vous ne pensiez qu'à plaire aux hommes, mais comme étant serviteurs de Jésus-

Christ, faisant de bon cœur la volonté de Dieu.
Servez-les avec affection, comme si vous serviez
le Seigneur et non des hommes. Sachant bien
que chacun recevra du Seigneur la récompense
du bien qu'il aura fait, qu'il soit esclave ou libre.
Et vous, maîtres, agissez de même à leur égard,
en leur épargnant les menaces ; sachez que le
Seigneur, qui est leur maître comme le vôtre,
est dans les cieux : et que Dieu ne fait point
acception de personnes.
Louez Dieu. Louez Dieu.

Quelque chose que vous fassiez, agissez de bon
cœur en vue de plaire à Dieu, et non pour les
hommes ; sachant que vous recevrez du Seigneur
pour récompense l'héritage céleste. Louez Dieu.

℣. Il distribua son bien, il le donna aux pauvres : sa justice demeurera dans les siècles des
siècles. Louez Dieu.

Hors du Temps pascal.

GRADUEL

Paré de gloire et de beauté, continuez votre
route, prospérez dans vos voies et régnez.

℣. A cause de la vérité, de la douceur et de la
justice, sa droite vous conduira d'une manière
merveilleuse.

Louez Dieu. Louez Dieu.

℣. Quelque chose que vous fassiez, agissez de bon cœur, en vue de plaire à Dieu et non aux hommes ; sachant bien que vous recevrez du Seigneur pour récompense l'héritage céleste. Louez Dieu.

Suite du saint Evangile selon saint Luc.
Chap. x.

En ce temps-là, Jésus entra dans une ville, et une femme appelée Marthe le reçut dans sa maison. Elle avait une sœur nommée Marie, qui, assise aux pieds du Seigneur, écoutait sa parole. Marthe de son côté s'acquittait de tous les soins de la maison avec un grand empressement, mais elle s'arrêta et dit : Seigneur, vous ne faites pas attention que ma sœur me laisse servir toute seule ? dites-lui donc de m'aider. Le Seigneur lui répondit, et lui dit : Marthe, Marthe, vous vous inquiétez et vous vous troublez beaucoup trop. Or, une seule chose est nécessaire. Marie a choisi la meilleure part qui ne lui sera point enlevée.

OFFERTOIRE

Elle a souvent parcouru tous les passages de sa maison, et ne mange pas son pain dans l'oisiveté. Louez Dieu.

SECRÈTE

Que le sacrifice que nous vous offrons, Seigneur, par l'intercession de la bienheureuse vierge Zite, nous vivifie toujours, et nous fortifie. Par Notre-Seigneur, etc.

COMMUNION

Je suis à mon Bien-Aimé et mon Bien-Aimé est à moi; il vit au milieu des lis. Louez Dieu.

POSTCOMMUNION

Remplis de la céleste nourriture du corps sacré et du sang précieux de votre Fils, nous vous supplions, Seigneur, de nous accorder la grâce d'imiter les vertus de la bienheureuse vierge Zite, dont nous célébrons la fête en ce jour. Par Notre-Seigneur, etc.

CHAPITRE XVII

Nous sommes arrivés à la fin de notre travail ; il ne nous reste plus qu'à demander à Dieu de le bénir, et de faire qu'il puisse servir à ceux pour lesquels nous l'avons principalement écrit. Nous avons eu peut-être le tort d'y joindre quelques traits historiques et des souvenirs étrangers à la mémoire de notre Sainte ; mais nous avons cédé d'un côté à l'entraînement naturel qui porte le voyageur à parler un peu longuement des objets qui l'ont séduit ; et, d'une autre part, nous avions le désir que cet ouvrage ne fût pas repoussé à cause de son extrême simplicité. Nous avons raconté l'histoire de la vie de sainte Zite sans ajouter à ce que les anciens auteurs nous en rapportent, et sans en retrancher ce qu'une critique minutieuse ou ce qu'un goût délicat y eussent peut-être omis. On nous saura gré, nous l'espérons, d'avoir narré avec fidélité ces naïves légendes qui ont pour fondement la croyance de plusieurs générations : nous ne nous écartons pas toutefois de cette sage défiance dont l'Eglise fait une loi à ses enfants, et nous répétons, avec le décret du Pape Urbain VIII, que nous n'avons pas la pensée d'attacher une autorité plus grande aux faits miraculeux que nous avons reproduits, que celle qu'y attachèrent les décrets relatifs à la canonisation de notre Sainte. Nous croyons, en un mot, à ce que l'Eglise croit, et dans la mesure de sa croyance.

Et maintenant donc, il ne nous reste plus qu'à vous prier, ô vierge sainte Zite! d'obtenir pour l'auteur de cet écrit, et pour ceux qui le liront, les vertus qui brillèrent si admirablement en vous! Intercédez en notre faveur auprès de Celui d'où vient tout don parfait, afin que le nombre de vos imitateurs augmente, et qu'une nouvelle effusion de la charité divine embrase les enfants de ce père commun qui ne fait acception ni des rangs, ni des personnes, mais qui abaisse les superbes et exalte les humbles. Amen.

PIÈCES JUSTIFICATIVES

Nº I.

Sentence prononcée par les délégués pour la déclaration du culte immémorial de sainte Zite, par devant l'Eminentissime cardinal François Buonvisi, *évêque de Lucques, en* 1696.

Le nom du Christ invoqué, et siégeant en tribunal, ayant Dieu seul devant les yeux, par cette nôtre et définitive sentence que de l'avis des jurisconsultes nous avons portée dans cette cause de la canonisation de la bienheureuse Zite, vierge lucquoise, etc.; après avoir vu les décrets d'Urbain VIII, les dépositions des témoins, des écrits et des documents, des autres faits produits, compulsés et contenus au procès, *ac visis videndis et consideratis considerandis,* ayant prononcé de nouveau le nom du Christ nous disons, nous prononçons. nous décrétons et nous constatons que le culte est immémorial depuis plus cent ans, et qu'il a été, même avant, fait et suivi, de la tolérance et de la science des pouvoirs ordinaires, et qu'en leur présence même, et de leur consentement, la bienheureuse Zite a été honorée comme bienheureuse et comme sainte ; que cela, depuis plus de cent ans, est public, patent et notoire, et que par conséquent cette cause est du nombre de celles qui forment exception aux décrets du Pape Urbain VIII, d'heureuse mémoire.

C'est pourquoi, dans la présente cause, nous ne trouvons rien qui y contrevienne ; mais tout nous paraît suffisamment régulier, et l'est. Ainsi, nous disons, nous prononçons, nous décrétons, nous déclarons en définitive sentence non seulement en approuvant, mais de la manière la meilleure possible, etc.

Ainsi j'ai prononcé, moi Joseph Arnolfini, vicaire général de l'Eminentissime et Révérendissime cardinal Buonvisi, évêque de Lucques, juge délégué.

Ainsi j'ai prononcé, moi, Jacques Bernardin, pour le même prélat, juge-adjoint délégué, etc., etc.

(*Suivent les signatures.*)

Ceci fut lu publiquement et avec les formes ordinaires dans le chœur de l'église de Saint-Peregini, devant magnifique dom Vincent Lippi, vice-promoteur de la foi, le 28 mars 1696; en présence, etc.

Jean Lazare Calcei, notaire public délégué à ces causes, en fit foi en la forme. .

Nᵒ II.

Décret de la Sacrée Congrégation des Rites de Rome, conformément à la sentence citée ci-dessus, de l'an 1696.

CANONISATION DE SAINTE ZITÈ DE LUCQUES

Proposito iu sacrà Rituum Congregatione ab Eminentissimo et Reverendissimo dom. Cardinali Pamphilio hujusmodi causæ ponente dubio: an sententia Eminentissimi Ordinarii Lucensis, sive judicum ab eo delegatorum lata super cultu ab immemorabili tempore eidem servæ Zitæ beatæ nuncupatæ exhibito et casu excepto à decretis fel. rec. Urbani papæ VIII, sit confirmanda, vel infirmanda in casu, et ad effectum, de quo agitur : eadem sacra Rituum Congregat. audito priùs tam in scriptis, quàm in voce Reverendissimo archiepiscopo Myrensi fidei promotore, sententiam Eminentissimi Ordinarii Lucensis prædicti, seu judicum ab eo delegatorum in casu, et ad effectum, de quo agitur, esse confirmandam censuit. Si sanctissimo Domino nostro visum fuerit, die 1 Sept. 1696.

Facta igitur deinde per me secretarium de prædictis sanctissimo nostro relatione, Sanctitas Sua benignè annuit, die 5 ejusdem mensis Septembris et anni 1696.

A. card. CYBO.

B. INGHIRAMI,
Sac. Rit. Congregat. secr.

†
Lieu du sceau.

Nº III.

Bulle d'indulgence perpétuelle concédée à la Confrérie de l'église de Sainte-Zite, établie au Bisagno de Gênes, par Paul V, l'an 1605.

PAUL, ÉVÊQUE,
SERVITEUR DES SERVITEURS DE DIEU

A tous les fidèles chrétiens qui verront les présentes lettres, salut et bénédiction apostolique. Considérant notre fragilité, la rapidité de l'existence mortelle, et la faible condition de l'homme en présence de la justice divine, nous exhortons les fidèles à amasser de bonnes œuvres pour le jour redoutable, afin d'effacer leurs péchés par ce moyen, et d'arriver plus facilement aux heureuses joies de l'éternité. Comme nous avons appris que dans l'église de

Sainte-Zite, située hors des murs de Gênes, il existait une charitable, pieuse et dévote confrérie de l'un et de l'autre sexe, sous l'invocation de cette même sainte, nous l'avons approuvée à la grande gloire de Dieu, pour le salut des âmes et pour l'assistance charitable du prochain. Non seulement elle est instituée pour le plus grand avantage des artisans, mais elle permet que les très chéris frères exercent toutes sortes d'œuvres de piété et de miséricorde, etc.

Nous donc, pendant tout le temps qu'existera la sainte Confrérie, tant pour ses œuvres présentes que pour ce qu'elle fera dans la suite, dans cette église qui est tenue en grande vénération, et où se presse le concours des fidèles, jaloux d'augmenter les grâces et les dons célestes qu'ils y reçoivent, par la miséricorde toute-puissante de Dieu, la puissance des apôtres Pierre et Paul, et par notre autorité apostolique, nous avons accordé à tous les chrétiens de l'un et de l'autre sexe vraiment pénitents, confessés et dignement communiés, qui entreront dans cette confrérie, le jour de leur réception en ladite Confrérie ; et au jour de leur mort, lorsque pénitents, confessés et communiés, si cela peut se faire commodément, ils prononceront ou invoqueront de cœur s'ils ne peuvent prononcer de bouche le saint nom de Jésus ; et aux confrères, confessés et communiés, pour chaque *Ave* récité le jour de la fête dans ladite église, en priant aux intentions de notre mère l'Eglise, l'indulgence plénière et la rémission de tous leurs péchés, etc.

N° IV.

Supplique des Pères du couvent de Sainte-Zite à l'effet d'obtenir des Lucquois quelques reliques de leur sainte Patronne.

ILLUSTRISSIMES ET EXCELLENTISSIMES SEIGNEURS,

Le couvent de Sainte-Zite de Palerme, en Sicile, l'un des plus illustres de la religion dominicaine, non seulement dans le royaume, mais dans tout l'Ordre, tant par le mérite des religieux savants qui y fleurirent que par la sainteté et la régularité qui s'y observèrent et s'y observent encore aujourd'hui, reconnaît qu'il doit à Dieu d'abord, et ensuite à la piété magnifique de la nation lucquoise, son existence; ayant été fondé par le don que les mêmes Lucquois firent aux Dominicains, d'un oratoire, d'un hôpital à Palerme, il y a près de deux cents ans. Il supplie donc humblement vos éminentissimes seigneuries de vouloir bien lui conserver la même protection, et même d'en augmenter les effets en l'enrichissant de quelque portion des reliques et des membres sacrés de la vierge sainte Zite, compatriote des Pères du couvent, leur patronne titulaire et leur protectrice. Il ose l'attendre de la bienveillance naturelle de VV. EE., de leur piété, et aussi de leurs sentiments pour une église aussi insigne, et peut-être la seule de la chrétienté sous le titre de Sainte-Zite; enfin parce que la dévotion que produiront ces saintes reliques accroîtra la renommée de la Sainte en ce monde et rendra plus glorieux encore les fastes des Lucquois. Et à cette fin, tant pour cette chose que pour toute autre qui pourrait préoccuper VV. EE., ledit couvent charge le Révérend Père Fra Tomaso Maria Spada, qui a vécu longtemps dans le couvent, de rendre témoignage de tout ce qui le concerne dans la vérité. Et en vous priant de recevoir en singulière grâce la prière que vous adressent les Pères dudit couvent, ils prient Dieu avec ferveur qu'il daigne accroître la félicité, la grandeur et le salut de l'âme chez VV. EE.

Six notables furent désignés, avec l'adjonction du professeur Cremona, pour aviser sur l'objet de la supplique, et on résolut de donner, sans dommage pour le corps, quelques-unes des artères intérieures aux impétrants; mais le seigneur Fatinelli, patron de la chapelle, s'y opposa, et l'on ne concéda qu'une portion des vêtements de la Sainte au couvent.

Plusieurs années après, une pareille demande fut formée par le grand-duc de Toscane ; mais par les mêmes motifs de la conservation de l'intégrité du saint corps, on lui donna seulement une portion du vêtement qui couvrait les épaules de la Sainte.

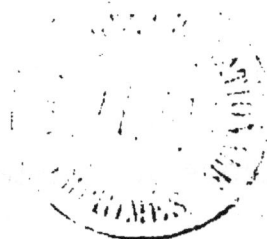

TABLE DES MATIÈRES

BAR-LE-DUC. — IMPR. DE L'ŒUVRE SAINT-PAUL.

36, RUE DE LA BANQUE. — 8343.98.

www.ingramcontent.com/pod-product-compliance
Lightning Source LLC
Chambersburg PA
CBHW072045090426
42733CB00032B/2244